U0583560

社会工作参与社会治理研究智库丛书

中国特色
城乡关系

从二元结构到城乡融合

URBAN-RURAL

RELATIONS WITH
CHINESE CHARACTERISTICS

THE DEVELOPMENT FROM DUAL
STRUCTURE TO URBAN-RURAL INTEGRATION

丁 宁／著

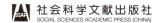

社会科学文献出版社
SOCIAL SCIENCES ACADEMIC PRESS (CHINA)

前　言

　　城乡关系是人类社会发展过程中最重要的关系之一，也是生产力和社会分工发展到一定时期的必然产物。随着资本主义工业化的快速发展，城市化成为推动城乡关系演变与发展的主要动力。我国走的是社会主义道路，中国特色的城乡关系是建立在城市与乡村、工业与农业之间根本利益一致基础上的新型城乡关系。党的十九大提出建立健全的城乡融合发展体制机制和政策体系，并加快实现农业的现代化。构建和谐健康的城乡关系，有效推动城乡之间相互支援、共同繁荣，逐渐破除城乡之间的差异，同时促进城乡融合是中国特色社会主义的重要目标与根本任务。与西方发达国家相比，我国的城市化起步较晚，由于片面追求规模效应，城乡发展的整体质量不高。这种城乡关系的发展模式既拉动了我国经济的飞速发展，也积累了城乡之间巨大的差距。如何处理好我国的城乡关系，解决好"三农"问题，破解城乡关系不协调困境，缩小城乡之间的差距，为实现城乡共同繁荣发展创造良好的条件，这是一个在理论与实践上都有待探索的重要课题。

改革开放尤其是党的十八大以来，我国在城乡关系的发展、加快推动新型城镇化建设、实施乡村振兴战略等方面取得了较大的成效，但是，我国城乡关系发展过程中的不平衡、不充分的问题并没有得到根本性的解决。城市与乡村之间的要素流动不顺畅，社会公共资源配置未能达到最优状态，同时发达城市对欠发达城市的带动力以及带动意愿不足，致使当前城乡发展依然存在较大的差距。中国特色社会主义进入新时代，习近平同志始终强调要"不忘初心、牢记使命"，高举中国特色社会主义伟大旗帜，并且要积极探索我国城乡发展新动力、新方向以及新模式。在协同推进我国新型城镇化建设和乡村振兴战略的时期，要注重对城乡关系进行历史性以及全面性的梳理，并站在全局性的视角，加快推动我国发展迈上新的"城乡融合发展"战略阶段。新时代我国正处于实现中华民族伟大复兴的关键时期，通过对我国当前城乡融合发展的制度体系进行深刻探究，有助于建立更加完善的城乡融合发展体制机制和政策体系，构建更加合理的新时代中国特色城乡融合发展制度，从而更好地推动我国新型城镇化与乡村全面振兴。我国要想加快构建更加完善合理的城乡融合发展制度体系，就要在加快补齐我国农村发展短板的同时，努力破解城乡二元经济结构，加快释放农村活力，这是加速实施乡村振兴战略的客观需要。本书对城市与乡村之间的差距问题的分析，以及对城乡之间差距形成的原因进行深刻剖析，可以让读者更好地理解城市与乡村之间，以及城乡各个要素之间的协调、统筹、融合发展的关系。对目前城乡融合发展的体制机制问题进行研究，有望找出一条可以有效推动新时代中国特色城乡融合发展的实践路径。

　　本书以马克思主义为指导，综合运用了文献分析法、历史分析法和比较分析方法，以城乡关系的发展演变为研究对象，深入阐述并梳理了从二元结构到城乡融合的发展过程，通过分析发达国家城乡关系的发展经验，为中国提供借鉴，并对我国从二元结构到城乡融合发展过程中存在的问题及成因进行分析，提出相应对策。

CONTENTS 目 录

第一章　绪论

第一节　选题背景与意义

一　研究背景

城乡关系是影响整个社会发展进步的关键，城乡二元经济结构的形成与转变也是全世界各个国家必须经历的阶段。城乡之间的差距受到我国政府和学界的广泛关注与重视，2002 年党的十六大提出统筹城乡发展战略；[①] 2007 年党的十七大提出城乡一体化新格局；[②] 2008 年 10 月《中共中央关于推进农村改革发展若干重大问题的决定》特别强调，我国已经进入城市带动农村、工业促进农业的发展阶段，要通过工业的先进技术改造传统农业，促进农村农业实现现代化，全力破除城乡二元经济结构特征，促进城乡之间的协调发展，并提出到 2020 年，建立相对比较完善的农村经济

---

① 《统筹城乡发展：主要任务和重要抓手》，http://theory. people. com. cn/n/2012/0929/c40531 – 19153297 – 1. html，最后访问日期：2022 年 6 月 1 日。

② 《城乡发展一体化的时代重任》，http://theory. people. com. cn/n/2012/1127/c49155 – 19709568. html，最后访问日期：2022 年 6 月 1 日。

体制，农村基本实现农业的现代化发展，建立城乡一体化的体制机制，促进城乡之间健康和谐发展。① 2010 年 10 月，《关于制定国民经济和社会发展第十二个五年规划的建议》提出，要想实现城乡一体化的格局，就应该加快破除城乡二元经济结构特征，消除城乡不协调的体制机制，促进城乡之间要素的自由流动，均衡配置城乡之间的基本公共服务和基础设施，建立城乡一体化的管理体制机制，促进城乡之间的协调发展。2012 年党的十八大进一步提出，要加快推进我国实现城乡一体化的格局，通过完善城乡一体化的体制机制，促进城乡之间要素的平等交换，城乡的基本公共服务以及基础设施等方面实现均等化，逐步形成城市带动乡村，工业发展促进农业进步的新型城乡关系。② 2017 年党的十九大提出城乡融合的指导思想，建立健全城乡融合发展体制机制和政策体系。③ 2018 年两会期间，习近平总书记提出产业振兴、人才振兴、文化振兴、生态振兴以及组织振兴，为城乡关系的发展指明了努力的方向。④ 城乡融合是推动城乡之间要素自由流动，让城市的资金、知识、人才、信息和管理要素流入农村，农村的劳动力和土地等资源流入城市，使其充分发挥市场在资源配置中的作用，形成一种城市带动农村，工业发展促进农业进步的新型城乡关系。农业农村农民问题是我国的民生问题，也是全党工作的重中之重。近年来，政府实施乡村振兴战略和区域协调发展战

---

① 《中共中央关于推进农村改革发展若干重大问题的决定》，http://www.gov.cn/jrzg/2008-10/19/content_1125094.htm，最后访问日期：2022 年 6 月 1 日。

② 《胡锦涛在中国共产党第十八次全国人民代表大会上的报告》，http://www.gov.cn/ldhd/2012-11/17/content_2268826.htm，最后访问日期：2022 年 6 月 1 日。

③ 《打造新型城乡关系：实现高质量城乡融合发展》，https://m.gmw.cn/baijia/2020-12/17/34472997.html，最后访问日期：2022 年 6 月 1 日。

④ 《如何理解乡村振兴战略的"五个振兴"》，http://www.qstheory.cn/zhuanqu/bkjx/2019-08/13/c_1124870140.htm?ivk_sa=1023197a，最后访问日期：2022 年 5 月 31 日。

略，努力缩小城乡之间的差距。

二元经济结构理论是西方发展经济学家针对发展中国家提出的经济学理论，从刘易斯开始，二元经济结构理论以特殊研究视角和研究方法在学界受到关注，也受到发展中国家的重视，其政策导向也被很多发展中国家所采纳。我国作为发展中国家之一，具有悠久的文化历史，其历史、文化、资源、环境、地理特征与其他国家必然存在不同，不能照搬其他国家的政策，必须根据我国国情寻找适合的发展政策。城乡融合作为城乡发展理论，为我国消除城乡二元经济结构提出了许多新的思路。但是从二元经济结构到城乡融合这个发展阶段，我国仍处于摸索阶段，在整个发展演变的过程中，我国的城乡关系还存在许多问题。因此，城乡关系的协调发展问题非常值得学者继续研究。

二　研究意义

从各个国家城乡关系的发展过程不难看出，城乡关系的发展与农业农村农民的问题紧密相连。我国正处于城乡关系转型的关键时期，研究中国特色的城乡关系，要树立正确的城乡融合发展理念。研究城乡关系发展过程中存在的问题以及协调发展路径，理论意义在于有助于深化马克思主义理论的整体认识，现实意义在于加快推进全面建设社会主义现代化强国的过程中，为协调城乡关系的发展起到了积极的作用。

（一）理论意义

在新时代背景下研究中国特色城乡关系的发展，不仅有助于丰富马克思主义城乡关系理论，同时也有助于我国城乡关系理论的发展。

第一，研究中国特色城乡关系是对马克思主义城乡关系理论的进一步深化。城乡关系是人类社会中较为复杂的关系之一，马克思主义的经典著作揭示了城乡关系的发展演变过程，从城市与乡村的产生，到城乡分离、城乡之间的矛盾对立，经过长期的调整，最终走向城乡融合的发展过程。梳理中国城乡关系从二元经济到城乡融合的发展演变逻辑，有助于加强学术界对中国城乡关系发展的认识深度。受国家相关发展战略的影响，中国不仅仅存在具有一般性质的城乡二元经济结构，而且存在具有一定特殊性质的城乡二元社会结构，在这种二元结构的长期制约中，我国经济社会的健康发展受到了严重的影响。本书通过构建"国家发展战略—城乡关系演进—面临的问题及路径选择"的分析框架梳理城乡关系，对从二元结构到城乡融合的发展演变进行研究，有利于提升各界对中国城乡关系的认识深度。

第二，通过对经典作家的城乡关系理论的分析，更加深刻地理解和认识当前我国城乡关系的发展状况。我国城乡关系正处于从城乡对立向城乡融合转型发展的关键阶段，消除两极分化、实现共同富裕是社会主义的本质要求。城乡关系正处于非均衡发展状态，我国正在全力扭转历史遗留下来的城市偏向政策等一系列阻碍城乡融合发展的问题，努力破除城乡二元经济结构的影响，促进城乡之间的要素流动，尝试利用城市带动乡村，工业的发展促进农业的进步，使农村实现农业现代化，改善农村的整体经济，最终促进城乡融合发展。目前，我国对城乡融合发展问题的研究处于初级阶段，虽然有一些学者提出了一些城乡融合发展的具体措施，但对这一问题的研究还不够深入和全面。

（二）实践意义

城乡关系是人类社会的基本关系之一，近些年许多学者对城乡融合的内涵以及概念进行了系统、深入的研究。城乡关系是广泛存在于城市和乡村之间的相互作用、相互影响、相互制约的普遍联系与互动关系，是一定社会条件下政治关系、经济关系、阶级关系等多种因素在城市与乡村之间的集中体现。本研究通过梳理城乡关系的发展演变历程，阐述城乡关系在发展过程中面临的问题与挑战，并提出相应的路径选择。在新时代背景下实现城乡融合，主要通过对城乡要素、基本公共服务、基础设施、城乡产业以及城乡收入等方面的协调做出努力，同时离不开相关制度保障。中共中央始终坚持全心全意为人民服务的宗旨，城乡融合符合人民最根本的利益，因此，研究我国城乡关系具有极大的实践意义。

通过实践来有效解决城乡关系发展过程中的问题，推进城乡关系协调发展。城乡二元结构对"三农"问题造成了很大的影响，主要表现在城乡二元结构抑制了城乡要素的自由流动、基本公共服务、基础设施、产业以及收入等方面的可协调发展，使得农业现代化很难和工业化、城镇化、信息化相互协调进步，农业长期处于国民经济发展过程中的劣势；城乡二元结构致使农民应该享有的基本公共服务处于较低水平，限制了农村人力资源水平的提高，从而使农民的生活条件很难得到改善，这些因素成为"三农"现代化转型的绊脚石。随着时代的发展，在完善社会主义市场机制和构建和谐社会的背景下，中共中央意识到城乡二元结构是制约城乡融合发展的主要障碍，强调加快破除城乡二元结构，形成城乡融合的新格局。本书通过系统梳理城乡关系的发展演变，全面论证了中国城乡关系机理，阐述了城乡要素、基本公共服务、基础设施、产业以及收入等方面的均衡发展。与此同时，通过分析中国特色城乡关系发展过程中存在的问题及挑战，提出相应的对策，对于加快我国从城乡对立到城乡融合的转型进程，促进城乡经济社会的协调发展具有重要的现实意义。

第二节　国内外研究现状

城乡关系的协调发展是各个国家都非常关注的问题。在以农业文明为主的发展阶段，整个社会生产力水平还十分落后，其主要的经济活动是农业。城市的经济发展还需要农业的支持，在文化方面还受到农村文化的影响。农村在生产与生活方面给予城市极大的支持，这一阶段的城乡关系是以农村为主导的。公元15世纪以后，随着一些西方国家工业革命的兴起，欧洲的城乡关系也发生了变化，城市与农村逐渐分离，城乡之间的差距也在慢慢扩大。因此，城乡关系问题也受到学界的高度关注。

一　国内研究现状

中国的城乡发展在新中国成立之后具有典型的二元结构特征，这一现状对解决"三农"问题产生了阻碍作用。在这种背景下，中国学者对城乡二元结构的问题进行了分析研究，形成了一系列符合中国国情的学术观点。

（一）国内学者对中国城乡关系的内涵研究

新中国成立后，我国的发展战略以经济建设为中心，政府实施的经济政策偏向于发展非农业部门，通过"剪刀差"的形式从农业部门吸取大量的经济剩余，[①] 资本和劳动力等生产要素在农

---

① 冯海发、李溦：《我国农业为工业化提供资金积累的数量研究》，《经济研究》1993年第9期。

业与非农业之间产生了错误的配置。例如朱熹等学者在《要素配置扭曲与农业全要素生产率》中发现导致传统农业一直以来没能得到良好发展的主要原因是城乡分割的户籍管理制度，政府通过户籍制度将城市与农村的居民严格的划分开来，使城市和农村在公共服务方面出现严重不均等现象。① 与此同时，政府注重城市的发展而忽视乡村发展的政策结果是使城乡之间的差距逐步变大，阻碍了整个经济的发展。李实和罗楚亮分析，若是将城市与乡村居民真实拥有的社会福利和社会保障转化为货币，那么城市与乡村居民之间的差距将会变得更为严重，研究表示这种差距的扩大会增加40%。② 针对二元经济结构的形成与转化，陈钊与陆铭等学者从发展偏向城市的角度分析，认为中国城乡二元经济结构现状中，城市拥有政策的决定权，这一现状使得中国城乡分割程度越来越严重。③ 高帆研究分析了中国城乡二元经济结构转化的影响因素。④

（二）国内学者对中国城乡体制机制的研究

受发展战略与制度安排的影响，我国的城乡二元经济结构与其他国家有很大的不同。柳士双对欧盟的城市与乡村之间的关系进行分析，总结出促进我国城乡关系的政策借鉴。⑤ 殷允杰在总结分析我国不同阶段城市偏向政策的形成与转变时提出，城乡统

---

① 朱熹、史清华、盖庆恩：《要素配置扭曲与农业全要素生产率》，《经济研究》2011年第5期。

② 李实、罗楚亮：《中国城乡居民收入差距的重新估计》，《北京大学学报》（哲学社会科学版）2007年第2期。

③ 陈钊、陆铭：《从分割到融合：城乡经济增长与社会和谐的政治经济学》，《经济研究》2008年第1期。

④ 高帆：《中国城乡二元经济结构转化的影响因素分解：1981—2009年》，《经济理论与经济管理》2012年第9期。

⑤ 柳士双：《欧盟的城乡关系政策及其启示》，《江西农业大学学报》2010年第2期。

筹发展战略是解决城乡之间差距的必然之路。① 李兵弟认为，我国已经进入了城乡融合的新阶段，重点强调城乡双向发力，共同推进供给侧结构性改革，建设特色小镇促进城市与乡村之间的文化融合。② 张继良认为，坚持城乡融合发展，要制定一系列战略规划与政策措施，根据我国国情来科学判断城乡的人口、公共资源以及社会资源配置的比例，破解城乡融合发展的制度障碍，同时提高农业生产能力，并且根据市场需求解决农村产业结构等问题；还需要注重提高乡村生态文明建设水平，树立生态文明的理念，以乡村治理为基础，健全基层组织体系和治理体系，从而促进乡村振兴战略高质量的实施，促进城乡融合高水平的推进。③党的十九大工作报告中强调城乡协调发展，建立美好家园。有相当一部分学者认为，城乡的协调发展涉及经济、政治、文化、社会、生态等各个领域，城乡的协调主要目的就是破除城乡的二元经济结构，促进城乡可持续发展。④ 金三林认为应全面推动城乡的经济、社会、文化、生态以及社会治理等各个领域的制度并轨，促进城乡融合同时要更加注重城乡联动改革，扩大双向开放。⑤

　　党中央深刻把握我国城乡关系发展的阶段性特征，主要以我国城乡关系发展过程中所存在的问题与矛盾为导向，彻底破除城乡二元经济结构的特征，促进城乡之间的协调发展，为构建新型

① 殷允杰：《我国处理城乡关系政策的转变及其内在动因》，《马克思主义与现实》2010年第6期。
② 李兵弟：《把握乡建规律推进城乡融合》，《人民论坛》2018年第35期。
③ 张继良：《以乡村振兴促进城乡融合发展》，《光明日报》2018年10月10日。
④ 谭明方、陈薇：《城乡之间如何实现全面融合发展》，http://cpc.people.com.cn/GB/64093/64094/8194418.html，最后访问日期：2022年6月1日。
⑤ 金三林：《新时期推进城乡融合发展的总体思路和重大举措》，《山东经济战略研究》2019年第8期。

城乡关系不断做出努力。城乡融合发展是城乡一体化的升华，城乡融合强调城市和农村的有机结合。通过总结城乡关系的发展脉络，我们不难发现城乡关系的对立与统一取决于国家的制度选择。我国长期实行城市偏向政策，虽然政策强调城乡统筹和城乡一体化，但是"反哺"的效应并没有产生实质的作用，农村长期处于服务地位的现状并没有得到彻底的改变，城市从某种角度对农村仍然进行掠夺，城乡之间的不平衡现象仍然存在。韩俊认为，破除城乡二元结构特征，要加快城乡融合的发展体制机制和政策体系。[①] 城乡融合就是强调打破城市与农村两极分化的状态，扭转城乡发展过程中的不协调局面，推动"以城带乡"的发展格局，充分实现城市和农村的共同繁荣。城乡关系的发展是一个相对比较复杂、漫长的历史过程，在城乡关系发展的过程中，城市主要体现经济与社会的功能，而农村主要体现生产与生态功能，城市与乡村功能的差异性决定城乡发展的不平衡，城乡融合发展并不是要消除这两种差异，而是不能仅仅为了发展城市而牺牲乡村的发展，应该要保持其各自的特性，进行互补等值的差异化发展，这样才能实现城乡融合。如李铁认为城乡之间的融合需要一个长期的过程，无论是城乡融合，还是乡村振兴，都需要尊重各种利益关系并存的现实，并要把握好政策的平衡点，同时社会资本进入农村发展产业也要符合市场化的基本原则，并且强调城乡融合发展改革最重要的目标就是注重释放潜力，包括低成本劳动力和低成本土地潜力等，城乡融合发展的政策更要符合我国低收入人群的利益。[②]

---

① 韩俊：《破除城乡二元结构走城乡融合发展道路》，《理论视野》2018 年第 11 期。
② 李铁：《城乡融合发展是一个长期过程，要以改革释放潜力》，《中国宏观经济论坛》2021 年第 24 期。

（三）国内学者对城乡融合的区域实证研究

受到多方面因素的影响，我国城乡二元经济结构并没有彻底打破，城市与乡村之间的差距仍然存在，甚至有部分地区城乡二元经济结构十分突出。因此，相关学者通过不同的视角选取了部分典型地区的城乡关系进行分析，并提出了一系列发展对策。高相铎对天津市城乡空间关系转变的规划响应进行了研究，作者以城乡空间关系为切入点，以天津为实证对象，分析了天津市城乡空间关系的发展演变过程，以及在此过程中存在的问题，并提出城乡空间关系转变的规划路径。[①] 刘明辉、卢飞以中国各省级面板数据为依据，实证检验城乡之间的要素对城乡融合发展的影响，研究表明我国农业部门生产要素的错配更为严重，人与地的融合对城乡关系协调发展具有较大的促进作用，同时非农业部门的错配呈现出恶化的趋向，阻碍了城乡融合发展。[②] 武勇杰以中小城市为研究对象，对城乡关系发展问题进行了研究，提出中小城市发展存在的问题以及困境，由此提出城市功能专业化对我国区域经济的发展起到了至关重要的作用。[③] 唐标明以临桂新区、临桂区、四塘镇以及横山屯地区的城乡融合为研究对象，通过政府的引导，促进城市与乡村之间的产业互动。[④] 白理刚、鲍巧玲对西昌市东部地区进行研究，分析西昌市城郊乡村人与地、城市

---

① 高相铎：《我国城乡空间关系转变的规划响应研究——以天津为例》，博士学位论文，天津大学，2017。

② 刘明辉、卢飞：《城乡要素错配与城乡融合发展——基于中国省级面板数据的实证研究》，《农业技术经济》2019 年第 2 期。

③ 武勇杰：《新型城镇化背景下中小城市发展的关键问题研究》，博士学位论文，北京交通大学，2018。

④ 唐标明：《城乡高质量融合发展探析——以临桂新区、临桂区、四塘镇及横山屯为例》，《当代广西》2019 年第 9 期。

与乡村之间的关系，通过借鉴空间发展模型，提出城郊乡村的规划方案，促进城乡融合发展。① 廖元昌以云南省德宏州为研究对象，对边疆民族地区的城乡融合发展进行研究，提出应加快我国边疆民族地区经济社会的发展，促进城市与乡村的融合发展。②

（四）国内学者对城乡关系的多学科研究视角

学者们跟随党的指导方针，围绕党的指导思想提出了统筹城乡发展、城乡发展一体化等一系列命题，阐述了多学科的研究视角。洪银兴从"工业反哺农业，城市反哺农村"等方向进行了分析探讨。③ 韩俊从历史和经济学的角度阐述了城乡关系的变化与特征，同时提出了加强城乡联系的政策建议。④ 韩长赋指出了未来三十年是我国城乡关系发展的关键时期，应该科学合理地处理城乡关系，将发展视为首要问题，建立一种平等互利的城乡关系，最终实现城乡之间要素平等交换和公共资源均衡配置，从促进农业现代化，提高居民生活水平、基本公共服务等方面采取相应措施，促进城乡协同发展。⑤ 张利民从城市学的角度分析了城乡关系的问题，认为城乡之间的对立矛盾主要在于城市自身的发展动力不足，得不到农村的支持。⑥ 程开明从自组织与他组织的视角对城乡关系发展演变进行了分析，指出城乡之间的差距具有正反两个方面的影响。⑦ 谢元态从人口学的角度分析了目前我国

---

① 白理刚、鲍巧玲：《城郊乡村地区的城乡融合规划研究——以西昌市东部城郊乡村地区为例》，《小城镇建设》2019 年第 5 期。
② 廖元昌：《供给侧结构性改革视角下边疆民族地区农业发展问题研究——以云南省德宏州为例》，《中共云南省委党校学报》2016 年第 4 期。
③ 洪银兴：《工业和城市反哺农业、农村的路径研究》，《经济研究》2007 年第 8 期。
④ 韩俊：《中国城乡关系演变 60 年：回顾与展望》，《改革》2009 年第 11 期。
⑤ 韩长赋：《正确把握和处理新阶段的城乡关系》，《求是》2009 年第 19 期。
⑥ 张利民：《谈中国近代城市文化的乡村情结》，《中国社会科学报》2011 年 9 月 9 日。
⑦ 程开明：《从城市偏向到城乡统筹》，浙江工商大学出版社，2010。

城乡关系存在的问题。① 白永秀、王颂吉对城乡一体化的实现路径及现实路径进行了分析和研究。② 折晓叶、艾云从社会学的角度提出了我国城乡关系变迁的制度研究分析框架。③ 柴浩放从城市病的治理角度，提出统筹城乡发展的思路，即加快城乡改造，促进失地的农民就业。④ 陈燕妮基于马克思恩格斯的城乡融合思想分析城乡一体化的发展路径。⑤ 白雪秋、聂志红、黄俊立基于马克思主义的城乡关系学说，提出通过实施乡村振兴战略进而实现城乡融合的发展思路。⑥

综上所述，国内学者对城乡关系的研究主要伴随我国经济建设和改革进程的不断推进而逐渐展开。不同时期，我国的经济建设和政策主体不同，城乡关系的研究内容和重点也有所不同。进入 21 世纪以来，中共中央把城乡融合作为解决"三农"问题的根本路径，2004 年党的十六届四中全会提出"两个趋势"的重要论断，并强调"以工促农，以城带乡"的发展战略，这也是改革开放以来城乡关系得到的重大调整的重要原因。党的十七大进一步提出城乡一体化的新格局，党的十七届三中全会提出要在 2020 年基本建成城乡经济社会发展一体化的体制机制。在统筹城乡发展战略和城乡一体化目标的指导下，政府采取一系列强国强民的

---

① 谢元态：《中国城乡关系的人口学透视（二）——基于人口规模与结构变化视角》，《经济师》2012 年第 1 期。
② 白永秀、王颂吉：《城乡发展一体化的实质及实现路径》，《复旦学报》2013 年第 4 期。
③ 折晓叶、艾云：《城乡关系演变的研究路径——一种社会学研究思路和分析框架》，《社会发展研究》2014 年第 2 期。
④ 柴浩放：《案例研究：以北京为例探究大城市病的解决途径》，http://chla.com.cn/htm/2015/1022/240819.html，最后访问日期：2022 年 6 月 1 日。
⑤ 陈燕妮：《马克思恩格斯城乡融合思想与我国城乡一体化发展研究》，中国社会科学出版社，2017。
⑥ 白雪秋、聂志红、黄俊立等：《乡村振兴与中国特色城乡融合发展》，国家行政学院出版社，2018。

措施，如取消农业税并加大对农业的支持，这也意味着农民与国家间的分配关系发生了根本性的转变。城乡一体化转向城乡融合，以城乡融合发展过程中的实践问题为核心，坚持新发展理念，协调推进新型城镇化建设，以乡村振兴为战略目标，强调通过建立健全城乡融合的体制机制实现新型工农城乡关系，缩小城乡居民收入差距。城乡融合发展理念的提出，标志着城乡关系进入了新的历史阶段。

二　国外研究现状

由于国外城乡发展速度较快，城乡之间的界限划分比较模糊，为了明确国外城乡关系的研究现状，本研究通过查阅大量文献资料，对城乡关系的内涵、城乡发展、制度与福利等方面展开分析。

（一）国外学者对城乡关系的内涵研究

本研究对城乡内涵的研究是以城乡发展历史阶段作为主要研究内容，根据发展历程，理解早年城乡建设思想和近几年城乡建设思想，从中分析建设历程当中城乡建设思想的变化。Jarden 对初始阶段的城乡建设进行研究，该阶段是以城市为重点发展建设对象，以城市带动乡村发展，以此加快城乡发展速度。[①] Soltani 对中间阶段的城乡建设变化进行分析，其特点是重点扶持乡村发展，逐渐缩小城乡差距。[②] Zhang 对现阶段城乡建设展开探究，此

---

① Jarden, K. M., Jefferson A. J. and Grieser J. M. "Assessing the Effects of Catchment-scale Urban Green Infrastructure Retrofits on Hydrograph Characteristics." *Hydrological Processes* 30, No. 10 (2016): 1536 – 1550.

② Soltani, A, Sankhayan P L, Hofstad O., et al. "Consequences of an Improved Road Network in Rural Iran: Does it Lead to Better Livelihoods and Forest Protection?" *Small-scale Forestry*, No. 11 (2016): 11 – 13.

阶段以城乡一体化建设为主，城市和乡村之间的差异性明显下降，很难察觉两者之间的差异，在界限划分上也比较模糊。[①]

（二）国外学者关于城乡发展的研究

国外对城乡发展比较重视，尤其是发达国家更加重视农村农业的发展，在土地利用问题上表现较为明显。当城市扩建与农产品加工场地建设、农田开垦保护等产生冲突时，均以农村农业发展为主。Imai 对农业建设与城市建设进行分析，从空间建设角度提出了农业土地合理使用的重要性，不可以因城市扩建占用，此行为是对农业发展的威胁。[②] Sadegh 认为农业发展不应该阻挡城市发展的脚步，且农业生产在未来发展中会逐步消失，这是自然发展的过程，应该遵从自然法则，扩大城市建设规模。[③] Chuk-wuemeka 认为应该继续维持农业发展，不能仅将其看作一份职业，而应升华到文化遗产层面上，加大对农业发展的重视。[④]

虽然国外研究学者对城乡的发展提出了不同观点，但是政府行为表现出对农田保护的重视，推动了农村农业发展。近年来，城乡建设已经成为国外主要讨论对象之一。Zhang 认为城乡之间建设一体化的产业支撑体系，一个集原材料供应、产品生产销售为

---

① Zhang, H. "Recommendations for Development of Rural Labor Service Economy from the Perspective of Urban and Rural Integration." *Asian Agricultural Research* 6, No. 12 (2014): 69 – 71.

② Imai, Katsushi S., Raghav Gaiha, and Alessandra Garbero. "Poverty Reduction during the Rural-Urban Transformation: Rural Development Is still more Important than Urbanisation." *Journal of Policy Modeling* 39, no. 6 (2017): 963 – 982.

③ Sadegh, P., Concha J., Stricevic S., et al. "On the Relation between Overall Urban and Rural Development and Urbanization and Rural Inhabitant Consumption." *West Forum* 28, No. 3 (2014): 271 – 277.

④ Chukwuemeka, E., Nzewi H. N. "An Empirical Study of World Bank Agricultural Development Programme In Nigeria." *Social Science Electronic Publishing* 2, No. 1 (2016): 176 – 187.

一体的产业，通过循环利用，提高资源的利用率，实现多样化生产。[①] Tao 和 Chen 对发展速度较快国家的城乡建设进行了调查分析，他们对城乡建设给予高度重视，并设置了监管机制，在保护农业发展的同时，为居民食品供应及安全提供了有效保障。与此同时，也带动了私企发展，为农村农业发展创造了更多效益，此建设方式符合经济发展规律。[②]

（三）国外学者对城乡关系的制度研究

Pijpers 等对发达国家的制度与福利现状进行探究，从中发现这些国家在城乡建设方面具有一个共同特点，即缩小城乡差距、统一管理制度、按照城市福利标准提高乡村福利待遇，在养老、教育、医疗等多个方面得以体现。[③] 对于发达国家养老机构设置，这些国家为老年人设置了专门的养老基金，减轻了子女生活压力的同时，为老年人创造了良好的生活空间，让居民认识到青年时期为国家建设尽一份力量，晚年就可以享受国家福利待遇，以此激励居民工作。对于发达国家的教育，大部分教育费用均由国家承担，为所有适龄儿童提供学习机会，从而为国家培养出更多人才。对于发达国家的医疗，虽然医疗费用较高，但是国家承担的部分占比较大。从整体看来，发达国家为城乡提供的制度和福利较好，使得城乡关系变得模糊化。

Song 等对发展中国家的制度与福利进行探究后发现，发展中

① Tao, S., Xiao-Hui Chen. "Environmental Protection Mechanism of Urban and Rural Integrated Construction and Its Optimization." *Acta Agriculturae Jiangxi*, No. 5 (2013): 725 – 730.

② Tao, S., Xiao-Hui C. "Environmental Protection Mechanism of Urban and Rural Integrated Construction and Its Optimization." *Acta Agriculturae Jiangxi*, No. 5 (2013): 725 – 730.

③ Pijpers, R., Kam G. D., Dorland L. "Integrating Services for Older People in Aging Communities in The Netherlands: A Comparison of Urban and Rural Approaches." *Journal of Housing for the Elderly* 30, No. 4 (2016): 430 – 449.

国家仍然在推行城乡二分法，导致城乡管理制度关联性薄弱，城市和乡村管理制度视角存在偏差，不仅增加了管理的工作量，也拉大了城乡建设差距。[①] 在政策推行方面，从城市和乡村两个视角出发，导致经济发展严重不平衡。乡村人口逐渐向城市转移，对农业发展造成严重威胁，而农业建设是国家发展的根基，因而形成了城市建设和乡村建设的矛盾局面，减缓了国家经济的发展速度。同时，发展过程中福利的分发在城乡之间也存在较大差异，呈现出严重偏向城市现象，乡村因福利较少，居民生活质量很难得到提升。从近几年发达国家和发展中国家制度的福利现状可知，发达国家重视城乡制度和福利差距的缩减，提高了城乡居民生活水平，有助于下一代人才的培养、医疗与养老机构建设。因此，缩小城乡制度和福利差距是发达国家未来的发展目标，可以将其作为发展中国家向发达国家转变的评价标准。

本研究对国外城乡关系发展现状进行了探究，通过收集文献资料，掌握了城乡的内涵、农业发展以及制度等方面的关系。在此基础上，国外城乡建设主要以发展农业，缩小城乡制度与福利差距为目标，将保护生存环境当作一项长期建设工作，在推行城乡建设的同时，为人们创造一个良好的生活环境。

第三节　研究思路与方法

一　研究思路

本研究选取城乡关系为研究对象，以中国特色城乡关系从二

---

① Song, F. J., Wang D. Q., Tian S. Q. "Governance Mechanism of Rural Population Hollowing under the Background of Balancing Urban and Rural Development." *Advanced Materials Research*, 989–994 (2014): 5128–5131.

元结构到城乡融合的发展演变为研究主题。第一部分，回顾国内外学者对城乡关系的理论研究。国外有关城乡关系的研究主要围绕城乡关系理念、未来城乡关系的构想、发展中国家的城乡关系和消除城乡分离的路径措施等问题展开。国内对城乡关系的研究伴随我国经济建设和改革进程的不断推进而逐步开展。第二部分，阐述中国特色城乡关系的理论溯源，以马克思恩格斯、列宁以及西方学者的城乡关系理论为基础，进一步研究中国化马克思主义城乡关系理论，梳理了以毛泽东、邓小平、江泽民、胡锦涛和习近平为代表的城乡关系思想。第三部分，阐述中国特色城乡关系的发展演变过程。新中国成立后计划经济时期城乡关系开始形成与固化，这一时期发展重工业是国民经济发展的重点。改革开放之后，城乡二元结构初步转化。进入 21 世纪以后，城乡二元结构加速转化。自党的十八大以后，提出建立健全的城乡融合体制机制和政策体系。第四部分，阐述了发达国家的城乡关系及其经验借鉴，主要概述了美国、德国以及日本等发达国家的城乡关系，同时总结发达国家城乡关系的发展经验借鉴。第五部分，总结了中国特色城乡关系发展过程中面临的问题，及问题的成因。本文认为，造成城乡关系不协调的原因是对城乡融合发展理念认识不足以及体制机制的影响，使得城乡之间的要素不能自由的流动，城乡的公共服务与基础设施不均衡，产业发展不协调以及城乡居民收入分配格局不合理等，阻碍了城乡关系的和谐发展。第六部分，针对中国特色城乡关系面临的问题，提出相应的路径选择。本文认为，应当树立科学的城乡融合发展理念，加强城乡公共服务、完善基础设施、实现产业以及收入分配等方面的协调发展，促进城乡融合。最后一部分是研究结论和展望。本部分在回顾全文的基础上，归纳研究结论，并阐述了未来的研究方向。

二 研究方法

（一）文献分析方法

文献分析方法是学术研究中最为常用的一种方法，本研究借助这种分析方法，翔实地收集相关的文献资料，对中国的城市与农村的发展、对立与融合进行分析，阐述城乡关系的发展演变过程，总结城乡发展过程中存在的主要问题，由此引出自己的观点，提出城乡关系发展的现实路径。

（二）历史分析方法

本文探究城乡关系的历史演变过程，时间跨度长达几十年之久，因此既要对城乡关系的演变过程进行分析，又要对城乡关系的现状进行判定，这样才能全面地把握城乡关系的发展脉络。本文注重运用历史分析方法进行探讨，研究中国城乡二元结构在计划经济体制时期、市场经济体制建立时期、市场经济体制完善时期的形成与演变状态，这对分析中国城乡关系的转化趋势奠定了一定的基础。在对城乡关系发展水平的研究中，也注重分析当前的发展状态，从而有针对性地提出推进中国城乡发展的有效路径。

（三）比较分析方法

比较分析方法在学术研究过程中被广泛应用，其目的是通过对比来揭示比较对象之间的差异。本文采用了比较分析方法，通过多个角度进行分析比较，如国内外学者对城乡关系相关研究的比较分析，中国化马克思主义在不同发展阶段城乡关系思想的比较分析，以及发达国家城乡关系发展的比较分析等。通过这种比较分析方法，了解中国特色城乡关系的理论溯源，对今后研究城乡关系提供一定的理论基础。

第二章　中国特色城乡关系的
理论溯源

  世界各个国家在城乡关系发展演变的过程中都存在从乡村孕育城市—城乡分离—城乡对立—城乡融合的发展演变过程。随着社会的发展，不同的城乡发展阶段具有不同的变化形式和特征。自工业革命开始，资本主义工业化以大机器生产为基础，资本主义伴随城市化的快速转变产生了城乡对立问题。马克思主义经典作家经历了城市与乡村之间的矛盾对立现象，马克思、恩格斯在批判资本主义生产方式的过程中通过运用科学的方法对城乡关系发展的规律进行了客观分析，阐明了城乡对立的根本原因，为我们正确认识城乡之间的关系提供了理论基础。随着中华人民共和国的成立，以毛泽东为代表的中共领导人，通过运用马克思主义经典作家的城乡关系理论，提出了具有中国特色的城乡关系思想。目前，我国正处于发展的重要战略机遇期，又处于社会矛盾的凸显期，城乡融合发展可以有效破除城乡二元结构特征。因此，应对马克思主义经典作家的城乡关系理论进行深入挖掘，系统总结具有中国特色的城乡关系思想，为城市与乡村的协调发展提供一定的理论依据。

第一节　马克思主义经典作家的城乡关系理论

马克思主义政治经济学从生产力和生产关系的矛盾运动规律出发，阐述了城乡关系由分离到对立，再到融合的矛盾运动规律。如何消除城乡之间的对立，是马克思和恩格斯在城乡关系发展过程中十分关注的问题。在城市与乡村对立矛盾发展的过程中，应注重城市与乡村之间的辐射带动作用，充分发挥"以城哺乡"的思想，推动城乡关系走向协调、融合的更高阶段。列宁运用马克思恩格斯的城乡关系思想，同时从俄国社会主义建设的实际出发，提出建立城乡联盟，进而保障城乡关系协调发展的思想。

一　马克思恩格斯城乡关系思想

（一）从城乡对立到城乡融合

城乡关系是人类社会发展必然存在的，在人类社会发展的初级阶段，社会生产力十分落后，社会分工还不存在，也没有城市。伴随社会生产力的发展，出现了物质劳动与精神劳动的区别，一部分人从事体力劳动；一部分人学习了技术从事生产工具的改进和研发，从而摆脱了体力劳动。这种物质劳动与精神劳动的分工标志着人们进入了一个新的时期，改变了人类传统的生产方式和生活方式，为城市的出现奠定了基础。马克思与恩格斯在《德意志意识形态》中指出："物质劳动和精神劳动的最大的一次分工，就是城市与乡村的分离。"① 马克思和恩格斯认为，物质劳

---

① 《马克思恩格斯文集》（第1卷），人民出版社，2009：556。

动和精神劳动是导致城市和乡村分离的根本原因。在工场手工业时期，社会分工还处于初级阶段，城市的生产力还十分薄弱。进入 18 世纪，随着经济的快速发展，为了满足海上贸易和市场的需求，资本主义大力发展机器大工业，由此出现最具时代意义的社会大分工。机器大工业很快在世界主要资本主义国家得到了发展，城镇化也慢慢发展起来，使得人口大量地从农村转移到城市，在这个过程中整个社会的格局发生了改变。城市人口的增长以及经济的快速发展，促使城市从此占据社会发展的重要地位。城乡关系发生了重大的改变，城市发展脱颖而出，引领乡村的发展。

马克思和恩格斯认为，消除城乡差距和城乡对立是工农业发展的必然要求，城乡之间的分离也将必然出现，然而城乡对立是整个社会发展的障碍。① 只有真正消除城乡对立，才能有效发展生产力，使人类社会进入新的历史阶段。因此，从城市和乡村的分离到城市和乡村的对立是这一历史阶段必然出现的现象。马克思恩格斯认为城市和乡村的对立是可以消除的，但不是在这个时期，而是在共产主义时期消除社会分工后。工业与农业有机结合，生产力在工业和农业之间合理地进行分布，城市不再是单一的快速发展，而是城市和农村均衡协调发展，互利共存，城乡融合取代城乡对立。② 恩格斯认为消除城乡对立，达到城乡融合需要经历一个长期的过程。③

（二）均衡城乡之间资源要素配置

消除城乡对立实现城乡融合是马克思和恩格斯一直关注的问

---

① 《马克思恩格斯全集》（第 25 卷），人民出版社，1960：713。
② 《马克思恩格斯文集》（第 1 卷），北京：人民出版社，009：556。
③ 《马克思恩格斯全集》（第 16 卷），北京：中央编译局，1973：286。

题。马克思认为城乡对立是一种必然结果，并从生产力和生产关系两个方面提出消除城乡对立的途径。[①]

首先是废除资本主义的生产方式。马克思恩格斯指出要想消除城乡对立，必须彻底废除私有制，现实城乡融合。通过向社会提供足够的物质来满足人们日益增长的生活需求，摆脱私有制压迫的大工业发展是一项非常艰巨的工程。[②] 因为在私有制的制约下，社会分工和社会生产力很难充分发展，只有改变资本主义的生产方式才能满足社会的需求。在资本主义的制度内，通过牺牲工人的利益来换取劳动生产力，这一切的发展和生产都是靠剥削生产者来实现的。[③] 综上所述，只有废除私有制，才能实现城乡融合。

其次，城乡人口合理分布。在资本主义社会，资产阶级为了自身的利益剥夺劳动力，通过强制手段迫使农民进入城市，大量的农村人口涌入城市，自然产生"城市病"，农村仍处于发展极其落后的状态。城乡居民之间的对立就像是两个受限制的动物，每天为了利益不断地产生新的矛盾。[④] 要想缓解这种城乡的对立，应该合理分配城市和乡村的人口。人口的增长要适应经济社会的发展，并与资源环境的承载能力相协调，才能在真正意义上达到城乡人口的合理分布。

再次，工业与农业兼容发展。城乡对立是工业生产与农业生产不协调不平衡的表现，要实现城乡融合发展，就应该从根本上解决工业生产与农业生产上的不平衡发展问题，消除城乡之间的对立。马克思和恩格斯认识到工业可以带动农业快速的发展，并

---

① 《马克思恩格斯全集》（第18卷），人民出版社，1964：58。
② 《马克思恩格斯文集》（第1卷），人民出版社，2009：688。
③ 《马克思恩格斯文集》（第5卷），人民出版社，2009：743。
④ 《马克思恩格斯文集》（第1卷），人民出版社，2009：556。

提倡将灌溉、排水、蒸汽犁、化学产品等投入农业的生产中，从而提高农业的产量。虽然资本主义机器大工业为当时的农业生产提供了最先进的技术，增强了农业的社会化大生产，但是并没有从根本上解决资本主义时期工业生产与农业生产之间的矛盾，城市与乡村之间的对立仍然存在。资本家对农民和土地的暴力剥削，使得土地肥力逐渐退化，迫使农民不得不进入城市务工，造成城市呈现出一种病态，这种工业支配农业，城市统治乡村的后果越来越严重。要想改变这种病态，就应该改变资本主义的生产方式，"整个社会按照确定的计划和所有人的需要来领导"。[①] 将农业和工业相协调配合，推进城乡融合的发展，进而消除城乡对立。马克思与恩格斯认为，只有将工业生产和农业生产协调配合，并与农民的生活需求紧密结合，才能破除城乡之间的对立。通过科学的教育促使不同的人才进入不同的部门，科学地将工业生产与农业生产有机结合起来，逐步消除工人与农民的身份差别。由于社会发展的诸多因素，农业的发展落后于工业，农民的身份低于工人的身份。为了扭转这种局面，马克思和恩格斯提出了工业反哺农业的思想，将工业先进的技术改变农业传统的生产方式，彻底改造传统农业的生产方式，有效地提高农业劳动生产率，缩小城市与乡村之间的差距，从而消除城乡对立。

最后，大力发展交通运输业。交通运输业是社会生产、人们生活需求不可缺少的一部分。马克思和恩格斯认识到交通运输业将会改变社会的发展，并对整个社会的发展起到了至关重要的作用，交通运输业关系到生产、交换、分配和消费等各个环节。在资本主义时期，交通运输工具的改进与创新对工业和农业的社会

---

① 《马克思恩格斯文集》（第 1 卷），人民出版社，2009：683。

化大生产起到关键的作用，使得商品实现了剩余价值。马克思曾指出："工业与农业生产方式的革命，使得社会生产过程的一般条件即交通运输手段的革命成为必要。"[1] 工业与农业之间的紧密联系，缩小了城乡之间的差距。通过交通运输业的改进与创新，使得城市与乡村的联系更加紧密，城市先进的生产方式、生活方式进入农村，农村呈现出一种新的面貌。城市和农村共同利用促进生产力发展的先进技术，共同享有发展生产力带来的成果，实现城乡融合，并消除城乡对立。但是先进的交通运输工具大部分都掌握在资本家的手中，而工人与农民必然会受到资本家的剥削。因此，只有从根本上消除资本主义的私有制，将最先进的交通运输技术手段掌握在国家的手中，采用国有化管理模式，才能有效地推动社会生产力和城乡关系的演变发展。

（三）以城哺乡促进城乡关系协调发展

马克思和恩格斯深入分析了资本主义时期从城乡分离到对立的现实问题。在批判资本主义城镇化发展带来的城乡分离与对立的同时，也肯定了资本主义城镇化过程中的历史进步性，城市中现代化的生产和生活方式流入农村，促进了城市和乡村的协同发展。马克思和恩格斯认为，各种优质的资源都聚集在城市，而农村的经济发展严重滞后。[2] 随着城市不断地繁荣，城市形成了一种辐射作用，有效带动了周边农村经济的发展。城市的这种辐射作用，不仅仅提高了农村的机器设备、资本、技术和人才等物质基础，同时也对农村的生产方式、生活方式以及农民的文化价值观等产生了一定的影响。城市经济的快速发展，使得大量的农村

---

[1] 《马克思恩格斯文集》（第5卷），人民出版社，2009：441。
[2] 《马克思恩格斯全集》（第2卷），人民出版社，1957：408。

居民进入城市生活，逐渐促进农村居民思维的转变。但在资本主义私有制的背景下，资本主义的发展应该遵循资本的逻辑，而不是人的逻辑，资本主义背景下的城市发展离不开资本家的利益操控，因而不可能自然地从根本上改变城乡之间的对立。只有脱离资本主义这个阶段，进入共产主义社会，城市的辐射作用才可以有计划、自觉地朝向农村，城市与乡村的分离与对立才能得到真正地消除，才可以有效地推动城乡融合发展。

（四）先进技术促进城乡协调

马克思和恩格斯认为，先进的技术对城乡关系的协调起到了至关重要的作用，科学技术的发展是消除城乡分离与对立的关键环节。[①] 马克思曾多次强调科学技术是推动生产力和生产关系发展的主要力量。运用先进的技术可以有效地提高农业的生产效率，增加农民的物质财富。马克思始终主张将先进的科学技术融入农业，实现农业的现代化，有效提高农业的生产率。因此，先进的技术可以促进农村农业的发展，也是消除城乡对立的基础。

二 列宁的城乡关系思想

进入 19 世纪 70 年代，社会矛盾不断增多，城乡之间的对立也越来越严重，列宁运用马克思与恩格斯的理论，对俄国的城乡关系问题进行思考和总结，支持并发展了马克思和恩格斯的城乡关系理论。列宁的城乡关系理论以十月革命为分界线，分为两个阶段：第一阶段是十月革命前，列宁深入研究了俄国城乡关系问题，肯定了马克思和恩格斯的理论，认为资本主义私有制造成了

---

① 《马克思恩格斯全集》（第 25 卷），北京：人民出版社，1974：101。

俄国城乡之间的对立；第二阶段是十月革命以后，列宁根据俄国的实际国情，总结出促使俄国城乡关系协调的措施。

（一）加强工农经济联盟

列宁对马克思和恩格斯的城乡关系思想进行了扩展，肯定了工业和农业有机结合的必要性，认为要想消除城乡对立矛盾，必须大力发展工业与农业。根据俄国的农村农业农民的基本情况，列宁指出，在城乡关系发展过程中，工业与农业要共同进步，为了增加农村居民对农业的积极性，提出一系列经济政策，利用合作化道路提高农业的发展，充分利用商品交换，提高工业和农业生产品的流通速度，有效满足城乡居民的生活需求。① 通过工业生产品和农业生产品的频繁交换互动，使得商品流通加快，进而建立起苏维埃工农经济联盟。

（二）加快人口市民化，促进城乡联盟互动

在俄国的城乡关系发展过程中，城市地位高于农村，列宁为消除城市在发展过程中的特权地位，提出加强农村人口城镇化，积极引导农村人口向城市流入，促进城乡融合发展，营造出一种城乡平等的社会环境，从而有效改善城乡关系。列宁始终坚持从马克思主义唯物史观和辩证法的观点出发，肯定资本主义的城镇化发展具有历史的进步性。俄国是一个具有农奴制历史背景的国家，并且农奴制改革并不彻底，农业的发展相对落后。在这种历史背景下，列宁提出利用资本主义为农业发展开辟一条新的路径，利用商品经济和市场，将分散在各个地区的独立市场集合成

① 《列宁全集》（第41卷），人民出版社，1986：328。

一个全国性的大市场，促进农民转移到城市。列宁认为："只有农村居民流入城市，只有农业人口和非农业人口混合并融合起来，才能使农村居民摆脱孤立无援的地位。"① 这种人口的转移为俄国人口城镇化奠定了一定的基础。农村人口的城镇化，有利于缩小城市与乡村之间的差距，加强城市居民与农村居民的互动，有效提高了农村居民的生活水平与文化素养，改善农村居民的生活方式，促进农业人口生活条件达到非农业人口的生活条件，消除工业与农业之间差距，实现城乡平等的发展目标。

（三）消除城乡差距促进城乡联盟

列宁认为："无产阶级同广大的城乡贫民群众结成联盟，是革命取得新的胜利的保证，对于经济不发达、政治不稳定的俄国来说，建立城乡联盟有助于城乡关系的可协调发展。"② 列宁的城乡关系思想是城市领导农村，城市支持农村。城市是先进生产力的代表和先进的文化中心，人口城镇化有助于农村经济的增长。列宁在探索俄国城乡关系的协调发展方面取得了显著的成果，主要采取城市领导农村、城市支持农村的思想。列宁一直提倡城市的工人和乡村的农民建立良好的互助关系，城市的发展促进农村的进步，帮助农村的工业合理分布，广覆盖并有效地吸引工人投身农村建设，可改善农村的生活环境，缩小城乡之间的差距，实现城乡的融合。

（四）加大政府对农民的扶持

俄国的农业发展面临的主要问题是农业的基础设施建设十分

---

① 《列宁全集》（第2卷），人民出版社，1984：197。
② 《列宁全集》（第13卷），人民出版社，1987：225。

薄弱和农业的生产资料短缺。为了改善这种状况，提高农村居民的生活水平，列宁曾建议实施助农惠农措施，政府应出台合理化的政策，改变传统的农业生产方式。政府除了在资金和技术等方面对农村提供支持外，还应利用城市的文化效应影响农村的文化发展，列宁认为城市的文化将对农村文化发展起到至关重要的作用，支持城市党组织和城市文化团体走进农村，同时建议政府创造更多的机会帮助农村文化的建设，促进城乡之间的文化互动。[①]

（五）促进城乡之间技术互通

十月革命胜利以后，生产力的发展仍然处于较低的水平，为了改变这种落后的生产力，列宁主张加强城乡之间的技术互通，科学合理地组织工业与农业的发展，有效提高农业的生产效率，缩小城乡之间的差距，为实现城乡协调发展提供更多的物质保障。电作为人们生活必须的基础能源，列宁建议通过电气化将城乡进行紧密联系，从而改变农村落后的生活状态。实施电气化的目的是向农民供应工业品，而不是使工业和农业相互隔离，造成农业工人与产业工人的矛盾对立。列宁强调："我们必须让农民看到，在现代化最高技术的基础上，在把城乡连接起来的电气化的基础上组织工业生产，就能消除城乡对立，提高农村的文化水平。"[②] 列宁希望让农民感受到电气化带来的改变，利用先进的科学技术，通过电气化将城市与农村紧密联系在一起，进而缩小城乡之间的差距，有效提高农村的整体生活水平。俄国的电气化进程是艰巨的、长期的过程，相关的技术专家为其制订了一个长期的计划，全力推进俄国电气化的发展，为消除城乡之间的差距创

---

① 《列宁全集》（第41卷），人民出版社，1986：330。
② 《列宁全集》（第38卷），人民出版社，1986：117。

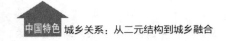

造更好的条件。

马克思主义经典作家创立了城乡关系理论，在新的历史条件下，我们要继承马克思经典作家的城乡关系理论，结合新时代发展的特征，不断地丰富和创新马克思主义城乡关系理论。中国共产党始终以马克思列宁主义为行动指南，在长期的中国革命建设和改革开放过程中，结合中国的城市与乡村的特点，提出一系列城乡关系的新想法，有效地推动马克思主义城乡关系理论的中国化与现代化。

第二节　西方学者的城乡关系理论

西方学者通过研究发展中国家的城乡关系，提出了二元经济结构理论。发达国家经历了城乡二元经济结构转换，发展中国家正在经历城乡二元经济结构转换的关键时期。二元经济结构是每个国家必然经历的发展阶段，二元经济结构理论论证了城市的工业部门与农村的农业部门在经济和结构上的差异。二元经济结构理论是发展中国家在发展过程中存在的关于生产与组织的不对称现象。[①] 二元经济结构理论是由荷兰的经济学家伯克首次提出的，他通过系统研究印度尼西亚的社会结构，在 1953 年指出印度尼西亚是一个二元经济结构的社会。[②] 随后其他西方学者相继提出相关的二元经济结构理论，影响最大的是美国的经济学家威廉·阿瑟·刘易斯。[③]

---

① 《新帕尔格雷夫经济学大词典》（第 1 卷），经济科学出版社，1996：10000.

② Bockc, J. H. *Economics and Economic Policy of Dual Societies as Exemplified by Indonesia*. New York：Institute of Pacific Relations，1953. pp. 324.

③ Lewis, W. A. "Economic Development with Unlimited Supply of Labor." *The Manchester School of Economic and Social Studies* 22，No. 2（1954）：139–191.

一 二元经济结构理论

随着时代的发展，发展中国家的经济学家对伯克的二元经济结构理论进一步分析，有关二元经济结构理论层出不穷。城乡二元经济结构不仅仅存在于发展中国家，发达国家在其发展初期也存在二元经济结构的现象，只是在发达国家发展过程中并没有学者提出二元经济结构理论。发展经济学家刘易斯提出的二元经济结构思想，古斯塔夫·拉尼斯和费景汉提出二元经济发展模型，[①] 到后来的乔根森模型、托达罗模式都被后来的经济学家发展成为经典学说。[②] 二元经济结构理论的创建者与完善者多为西方发达国家的经济学家，这些国家大部分具有完善的市场经济制度体系。

美国经济学家刘易斯在《劳动力无限供给条件下的经济发展》中提出了二元经济结构理论，这个理论被称为刘易斯模式，也称无限过剩劳动力发展模式。[③] 刘易斯模式以两个前提假设为基础，一是将发展中国家的经济分为两个部门，即非资本主义部门（传统农业部门）和资本主义部门（现代工业部门），传统农业部门利用传统方式进行生产的部门，其劳动生产率低，劳动者的收入水平也极低；而现代工业部门采用现代的生产方式，劳动生产率并且工资水平相对较高；二是无限供给的劳动力。在发展中国家的传统农业部门，资本投入几乎为零，土地十分缺乏，但

---

① Ranis, Gustav, and Fei J. C. "A Theory of Economic Development." *The American Economic Review*, 51 (1961): 533 – 565.

② Jorgenson D. W. "The Development of a Dual Economy." *Economic Journal* 71, No. 282 (1961): 309 – 334.

③ Lewis, W. A. "Economic Development with Unlimited Supply of Labor." *The Manchester School of Economic and Social Studies* 22, No. 2 (1954): 139 – 191.

是人口增速较快，具有相对廉价的劳动力。因为边际生产率递减的规律，农业劳动力的边际生产率趋近于零。在这种环境下，劳动者的收入非常低。现代工业部门的劳动生产率高，传统农业部门的剩余劳动力被现代工业部门雇用，只要提供略高于传统农业部门的工资就很容易获得大量的劳动力，这就说明，在现有的工资水平上，工业部门具有完全弹性的劳动力。当农村的剩余劳动力都转移到现代工业部门，就可以缩小城乡之间的差距。刘易斯认为发展中国家城乡关系的发展主要分两个阶段：第一阶段是无限供给的劳动力，第二阶段是资本供给超出劳动力供给。第一阶段适用于古典经济学阶段，资本供给不足，但是劳动力十分丰富，资本积累与经济发展过程中的剩余利益都进入资本家手中。第二阶段并不适用于古典经济学，随着资本积累的增加，工资也随之改变。随着经济的发展，很多经济学家对刘易斯模式提出了反对意见，认为劳动力无限的供给是不存在的，城市部门不可能对劳动力有无限制的需求，这种前提不符合现实生活，并且这种模式的前提没有考虑农业部门的发展问题，但是刘易斯模式对于之后城乡关系的发展奠定了理论基础，他提出的两个部门结构的差异引导二元经济结构理论的出现。

　　拉尼斯和费景汉对刘易斯的二元经济结构模式进行了修改，形成了刘易斯—费—拉尼斯模式，也称拉尼斯—费模式。① 这个模式也承认刘易斯模式提出的发展中国家具有两个部门，但是拉尼斯和费景汉认为，刘易斯忽略了农业有利于促进工业的发展，农业剩余产品的产生促进传统农业的劳动力转移到现代工业部门。拉尼斯和费景汉将发展中国家二元经济结构转换分为四个阶

---

① Fei, J. C. H. and Ranis, G. "A Theory of Economics Development." *American Economic Review*, 51, No.9 (1961): 533 – 565.

段，第一阶段是劳动力无限供给；第二阶段是从农业部门转移到
工业部门的劳动者具备的劳动边际生产率大于零，但是不会高于
制度工资，原因是劳动力的转移会使从事农业的劳动者逐渐减
少，造成农业粮食产量降低，使得农业部门向工业部门提供的农
业剩余下降，最终粮食价格和工资都会上涨；第三阶段是农业的
商业化，工业部门要想获得更多的农业劳动力，就必须提供更高
的工资水平，这就使得两个部门的工资水平有市场的参与；第四
阶段是传统农业完成了向现代农业的转移，这个阶段农业部门与
工业部门的工资水平都由边际生产率决定。这个模型提出了传统
农业部门与现代工业部门平衡发展的思想，主张在工业发展的进
程中不可忽视农业生产率的提高，拉尼斯和费景汉对刘易斯模式
进行了完善：首先是拉尼斯—费模式更注重农业的发展问题，农
业不仅仅为工业提供人力，同时为工业提供大量的物力；其次是
拉尼斯—费模式认为科学技术的发展可以有效地提高生产效率；
最后是拉尼斯—费模式提出了临界最小努力原则，人口的变化影
响劳动力的转移。拉尼斯—费模式也同样存在不足，它的前提条
件是农业部门一定存在剩余，并且工业部门不存在失业的现象，
这种假设也不符合我们的现实情况，但是拉尼斯—费模式的提出
对二元经济结构理论的完善具有实践意义。

美国经济学家乔根森利用新古典经济学的方法，提出了新的
二元经济发展模式，[①] 乔根森模式提出四个前提假设，第一个假
设是发展中国家存在工业部门和农业部门；第二个假设是农业生
产只需要劳动力和土地，不存在资本积累；第三个假设是工业的
产出只需要劳动力和资本；第四个假设是两个部门的生产会随着

---

① Jorgenson D. W. "The Development of a Dual Economy." *Economic Journal* 71, No. 282 (1961): 309–334.

时间的变化而变化。基于这几个假设可以得出，人口的增长由人均粮食的供给决定，当人口增长比生理最大值低时，不存在剩余劳动力，当人口增长比生理最大值高时，则存在剩余劳动力，剩余劳动力是工业部门生产和扩大的必要条件。乔根森在《过剩农业劳动力和两重经济发展》中，提出工业的发展取决于"农业的剩余"和人口规模，农业是整个社会发展的基础，农业劳动生产率的提高有助于促进工业的发展。当农业剩余趋近于零时，就不存在农业剩余向工业转移的情况；当农业剩余大于零时，就会出现农业剩余转移到工业部门的情况，由此可见，二元经济结构的转换与否主要取决于农业剩余是否存在，进而强调了农业部门与工业部门的紧密联系，乔根森的二元经济结构模式更加注重农业的长远发展，强调先进的技术可以提高农业生产率，同时也注重市场的调节作用。因此，农业的发展对二元经济结构的转移具有重要意义。

哈里斯和托达罗将城市失业问题与二元经济模型相结合进行了分析，组成了哈里斯—托达罗二元经济模型。[①] 哈里斯和托达罗提出二元经济结构的转换必须考虑城市就业预期和收入水平差距，仅考虑收入差距的问题不能决定劳动力的转移。由于长期忽视了农业对经济发展的重要性，造成农村人口转移到城市和城市人口失业率同步增长的问题，哈里斯和托达罗认为仅仅通过扩大工业部门不能缓解城市的失业率，应该制订农村的发展规划，提高农村的经济发展水平，从而缩小城市与农村的差距，实现城乡融合发展。哈里斯和托达罗提出的建议是，加强农村的经济建设，提高农民的就业率，减少城乡之间就业的不平衡现象，发展

---

① Harris, J. R., M. P. Todaro. "Migration Unemployment and Development a Two-Sector A-nalysis." *American Economic Review* 60, No. 1 (1970): 126.

职业教育，调整教育结构，改善公共设施和农民的生活条件等等，减缓农村人口向城市流入。因此，二元经济结构理论为城市与农村之间的协调发展提供了理论基础。

二 不平衡增长理论

美国经济学家艾伯特·赫希曼在《经济发展战略》中，提出"不平衡增长理论"，即平衡增长战略的不可行性，认为经济发展取决于经济发展目标的制定，以充分利用隐蔽的、分散的和无效使用的资源和人力。对于发展中国家而言，不平衡增长理论指出应该聚集资本和有限的资源主要发展一种产业，逐步增加其他产业投资。经济发达的地区对经济欠发达的地区产生的不利或者有利的作用，被称为"极化效应"和"涓滴效应"。赫希曼认为，经济发达地区带动经济欠发达地区的经济增长，在整个经济发展过程中，国家会干预经济的发展，加强经济发达地区的涓滴效应，促进不发达地区的经济发展，因此，在经济发展过程中，涓滴效应最终会大于极化效应。

赫希曼从充分利用稀缺资源的角度进行研究，并提出了不平衡增长理论。这种理论强调的是通过集中发展某一部门或者某些部门，然后利用发展起来的部门来带动剩余部门的发展。赫希曼认为，在经济社会的发展过程中，一些落后地区之所以落后，是因为自身的资源有限，很难大规模地将有限的资源投到各个部门之中，只能将有限的资源投到某一部门或者某些部门，这样可以有效解决资源不足的难题，通过辐射的作用带动其他部门的发展。经济发展相对落后地区的发展战略应该选择若干战略部门投资来创造更多的发展机会。赫希曼认为，投资源头不同，选择的投资方向就不同，若是政府部门进行投资，应该选择具有公益性的公共部门，尤其是基础设施等方面的投资，创造良好的外部发展环境，改善人们的生活环境。若是私人资本进行投资，应该选择具有较强带动作用的制造业部门，带动其他产业的发展，为社会提供更多的就业机会。不平衡增长理论指出，在资源有限的条件下，为有效提高资源配置效率，确保国家经济的稳定增长，国家要集中有限的人才、资源、采取重点项目开发的方式，对重点项目的资源分配以及财政支持方面实施一定的倾斜政策。一个国家存在区域发展不平衡现象具有必然性，经济发展有差别的地区是充满活力的，经济的发展正需要这种活力，有活力的地方必然存在发展的不平衡。不平衡增长理论指出，向更高层次发展将达到一种共同富裕的不平衡发展。学术界对不平衡发展理论有两种不同的观点，一种观点认为可以达到一种平衡发展的空间战略。他们认为，在经济不平衡发展的过程中，平衡的力量会产生一定的积极作用，使地区经济的发展从不平衡的状态发展为平衡的状态，主要是因为在市场经济的作用下，人力、财力以及物力会产生自由的流动，最终导致经济发展趋于平衡，加之经济带来的扩散作用，有效推动各个地区经济的协调发展。同时，区域开发的过程中，会进行多次的交替变化，这也促进了地区经济的平衡发展，各个地区之间产业转移和结构的调整也会推动地区经济的平衡发展，最终由不平衡的发展逐渐达到平衡发展的目的；另一种观点认为，不平衡的发展会产生恶性循环，扩大各个地区的贫富差距。他们认为，区域经济的不平衡发展具有一定的稳定性，很难发生改变。纳克斯在研究发展中国家的经济发展时曾这样认为，发展中国家存在贫困增长的恶性循环，经济发展相对落后的地区资本比较匮乏，会产生低水平的供给，同时也会产生低水平的需求。在供给方面，由于资本存在不足，很难具有增长的内动力，而在需求方面，对投资缺少一定的引诱力。需求与供给方面的循环同时发生作用，这种不平衡的发展会造成恶性循环。这两种观点都具有一定的道理，然而不平衡发展所产生的后果不会趋于平衡状态，也不会造成贫富差距的不断扩大，而是经济发达地区与经济不发达地区都会得到一定的发展，会出现短暂的平衡状态，又会出现不平衡的状态，但是这种发展的不平衡不再是低层次的不平衡，而是追求共同富裕的不平衡发展。在经济发展的初级阶段，地理资源较好的地区会得到迅速的发展，这会拉大发达地区与不发达地区之间的差距，在这种不平衡的发展过程中，平衡的力量会起到积极的作用，发达地区的经济将有效带动不发达地区的经济发展，与此同时，不发达地区为了摆脱贫困将充分利用比较优势，提高自身的竞争力，这样就会缩小发达地区与不发达地区之间的差距。从市场供求的角度出发，发达地区与不发达地区彼此之间都是市场关系，这也就产生了"回旋镖"效应；如此一来有效促进了发达地区与不发达地区之间要素的自由流动。发达地区为了促进经济的可持续增长，必须不断地创新自己的产品。这些产品具有较高的科技含量，价格相对较高，要想开辟市场，就必须在不发达地区创造能消费得起的条件，这就要求两个不同地区的经济差距不能太悬殊，否则就会阻碍发达地区经济的可持续发展，这就促使发达地区在经济发展过程中，必须带动不发达地区经济的发展，两者在经济发展过程中是相互影响、相互作用的，不可能出现经济差距越来越大的现象。因此，不平衡增长理论为城乡之间经济的协调发展提供了理论基础。

三　核心—边缘理论

美国经济学家约翰·弗里德曼在《区域发展政策》中提出核

心—边缘理论。[①] 弗里曼德将空间经济系统分为具有不同属性的核心区和边缘区。核心区是具有较高创新能力的地域，而边缘区与核心区是一种依附关系，核心区与边缘区组合成整个空间系统。弗里曼德认为核心区在整个空间系统中起到了至关重要的作用，核心区位于空间系统的各个结构上，它对该系统的存在起到决定性作用。核心区的作用主要体现在四个方面，一是核心区通过其他相关系统来对边缘区进行组织；二是核心区向边缘区传递先进成果；三是核心区自身的不断强化有助于相关系统的发展；四是随着空间系统之间的要素不断流动，促进核心区的扩大发展。边缘区一般是经济发展相对比较落后的地区，边缘区还包括上过渡区与下过渡区。上过渡区一般是位于核心区的外围，与核心区域建立良好的要素流动，因此，经济发展相对较快，该区域具有经济持续增长的特征。下过渡区经济社会的发展相对比较落后，就业机会较少。下过渡区经济落后的原因主要是缺乏与核心区进行有效资源要素的流动，各产业部门衰落。核心—边缘理论指出区域经济的增长必然伴随经济空间结构的变化，在经济的发展过程中，经济空间结构分为四个阶段：工业化初期低水平均衡阶段，工业化时期的核心区计划增长阶段，工业化后期经济活动向边缘地域扩散阶段和区域经济一体化阶段。在工业化的初期，经济发展水平较低，农业发展占据主要地位，工业化水平相对比较落后。城镇化发展相对较慢，区域之间的联系较少，整个经济社会系统还处于不完善的状态。在核心区计划增长的阶段，城市开始不断出现，工业化水平也得到了提高，核心区与边缘区呈现出差异，核心区的经济实力和政治力量都比较强大，边缘区呈

---

① J. Friedmann. *Urbanization Planning and National Development*. London：Sage Publications，1973.

现出弱化的现象。在工业化的后期，核心区的各种要素开始向边缘区流动，边缘区的经济得到了发展，各种产业开始出现。在区域经济一体化阶段，核心区的各种要素加倍地向边缘区流动，整个系统之间的交流逐渐频繁，城市的规模不断地扩大，各个区域之间开始有关联地协调发展。随着经济社会的不断发展，人口、资本、技术等要素主要汇集到城市，慢慢形成以大城市为中心的核心区、农村被边缘化的二元空间结构。因此，核心—边缘理论为城乡之间的要素流动提供了理论基础。

第三节　中国化马克思主义城乡关系理论

传统中国社会以自然经济为基础，城市和乡村的发展水平都很低，随着经济社会的不断发展，我国传统的城市在逐渐发生改变，城市慢慢具备商业化功能，城市的职能也呈现出多样化的趋势，城市的规模也在不断扩大，城市和乡村之间构成了一种特殊的政治经济关系。城市在政治方面控制着农村，在经济方面依附并剥削着农村。随着改革的不断推进，中国的城乡关系产生了极大的变化，城市与乡村之间的关系呈现出相互影响、相互依赖的状态。马克思主义的城乡关系与我国的实际国情相结合，发展出一系列中国化的城乡关系思想，为以后学者认识和理解城乡关系提供了重要的指导。

一　城乡兼顾思想

毛泽东将马克思、恩格斯和列宁的城乡关系思想与我国的实际国情相结合，揭示了我国早期城乡关系的性质与发展规律，即以农村为重心，利用农村培育城市，逐渐以城市为重心的城乡并重的协调发展之路。毛泽东的城乡兼顾思想对以后城乡关系发展起到了至关重要的作用，同时也对马克思主义的城乡关系理论进行了扩展。

（一）半殖民地半封建的城乡关系

毛泽东继承了马克思、恩格斯及列宁的城乡关系理论，同时结合了我国的实际国情，对我国城乡关系进行了深入的分析与探讨。毛泽东认为我国早期的城乡关系受到各方的影响，早期中国的城乡关系与资本主义的城乡关系存在质的不同，具有其特殊性，是一种半殖民地半封建性的城乡关系，[①] 主要表现为帝国主义、官僚主义与人民群众之间的关系。毛泽东曾指出："在经济方面，城市与乡村之间的矛盾，在资本主义社会里（这种由资产阶级统治的城市残酷地掠夺乡村），在国民党统治区域里面（这个区域里由帝国主义和本国买办大资产阶级所统治的城市极其野蛮地掠夺乡村），那是具有一定对抗的矛盾。"[②] 随着工商业的不断发展，城市与乡村之间的联系更为频繁，但是农村居民受到各种压迫，使得城市与乡村之间的互通逐渐减少，农村一直处于服务的地位，被城市所压迫和统治。这种情况致使城市与乡村之间的矛盾越来越严重，城乡之间的差距也在不断地扩大。毛泽东为了扭转这种局面，决定将农村设为革命的根据地，农村包围城市，并取得全国的胜利。[③] 毛泽东相信，在中国共产党的领导下，相对落后的农村最终会变成伟大革命的根据地，无论是在政治、军事、经济还是在文化方面都会有崭新的一面。通过这些方面的

---

① 《毛泽东文集》（第3卷），人民出版社，1996：206－207。
② 《毛泽东选集》（第1卷），人民出版社，1991：335－336。
③ 毛泽东：《中国的红色政权为什么能存在？》1928年10月5日。

分析，我们不难看出城市和乡村在某种特定的条件下是可以相互转换的，这种思想是对马克思主义城乡关系的一种创新。

（二）以城市为中心，兼顾城乡之间发展

在城乡关系的发展问题方面，中国共产党曾经走过迂回路线，1927 年中国大革命失败之后，根据当时的基本国情，中国共产党的工作重心转移到农村，农村的反动统治力量相对比较薄弱，我们选择了农村包围城市的独特道路。毛泽东强调："现在的农村是暂时的根据地，不是也不能是整个中国民主社会的主要基础。由农业基础到工业基础，正是我们革命的主要任务。"[①] 自七届二中全会以后，党的工作重心开始发生转变，注重城市的发展，大力发展生产力，提高城市的经济水平。在此时期，我国农村的经济发展还处于落后的状态，农业基础比较薄弱，毛泽东依照此阶段的国情，提出以城市为中心，坚持城乡兼顾的思想。毛泽东曾这样说："在我国的城乡关系中，哪一个是中心呢？从城市诞生的时候起，城市就是中心。城市的手工业，对于农村的农业来说也是一种进步，工业则更不待说。"[②] 毛泽东认识到要想协调好城乡之间的关系，不能以城市为中心，只注重城市的发展而忽略农村的进步，应该城乡兼顾，促使城市与乡村共同发展。通过总结和分析毛泽东的统筹兼顾思想，可以将其概括为三个方面：首先是在城市与乡村之间的工作部署方面，重点发展城市的建设工作，同时不能忽略乡村的建设发展；其次是在城市的工人与乡村的农民的利益方面，应兼顾工人阶级与农民阶级的作用；最后是在工业与农业方面，应有效促进工业与农业的协调发展。

---

① 白永秀、王颂吉：《城乡发展一体化的实质及现实路径》，《复旦学报》2013 年第 4 期。
② 《毛泽东文集》（第 6 卷），人民出版社，1999：25。

毛泽东城乡兼顾的思想为我国以后正确处理城乡关系的发展奠定了一定的理论基础。

（三）工业与农业协同发展

依据马克思主义关于优先增长第一部类生产的普遍原理，通过总结苏联四十年来社会主义工业化的工作经验，毛泽东根据我国的基本国情，对于如何完成城乡兼顾的问题提出了工农并举的发展思想。工农业并举的基本要求主要有五个方面[1]：一是正确处理我国人民收入中积累与消费的比例关系；二是正确处理重工业、农业和轻工业在发展过程中的比例关系；三是正确处理好重工业、农业和轻工业内部的比例关系；四是在建立和扩大基础建设时，应根据国情合理部署大中小企业的建设工作；五是我国的技术政策应从实际出发，科学合理地贯彻技术政策。工农并举政策的主要要求是在发展工业的同时必须发展农业，逐步完成农业与工业的现代化。在工业与农业发展的过程中，毛泽东决定将农村的农业与城市的工业有机结合，同时优先发展重工业，并强调农业与轻工业在发展过程中应占有一定的比例，原因是要想实现工业的快速发展，不能完全忽略农村以及农业的发展，也就是在实现工业化的同时，也要实现农业的现代化。毛泽东曾提出："在一定意义上可以说，农业就是工业。要说服工业部门面向农业，支援农业"。[2] 这种思想表明工农业之间相辅相成的关系。毛泽东为中国的社会主义工业化与农业现代化道路指明了方向，同时对马克思主义工业与农业结合的思想进行了创新。

---

① 《毛泽东文集》（第7卷），人民出版社，1999：307–308。

② 《毛泽东文集》（第7卷），人民出版社，1999：200。

（四）城乡要素等价交换

列宁的城乡关系思想承认在生产力不发达的境况下，城市与农村之间的商品交换有利于俄国的经济发展和生产力的恢复，并对社会的稳定起到了至关重要的作用。但是列宁并没有对城乡关系中商品交换遵循何种规则做出明确的指示，毛泽东结合我国的实际国情，根据社会生产力的发展要求，将商品交换与社会生产力紧密联系起来。明确阐述了在社会主义发展的过程中，商品的生产与商品的交换是存在某种联系的，并且商品之间的交换要实施等价的原则。毛泽东意识到我国整体经济发展无法与发达国家相比较，整体的经济状况还处于落后的地位，生产率水平较低，社会资源不够充足，而在社会主义私有制与公有制共同存在的社会环境下，我们需要一个促进商品交换的阶段。毛泽东同时提出在社会主义制度条件下，商品交换必须符合客观规律，也就是商品的价值法则，商品之间的交换应该遵循等价原则。由于农村在发展过程中经历过所谓的平均主义，毛泽东曾指出，在社与队、队与队、社会与国家之间，在经济上只能是买卖关系，必须遵守等价交换原则。[①] 平等交换能够保证人民最基本的合法权益，能够提高我国劳动者对农业生产的积极性，有效推动农村经济的发展，改善农村整体的生活面貌，加强城市与农村之间的经济互动。

二 城乡互动思想

邓小平继承毛泽东的城乡兼顾思想，并根据我国的国情，对

---

① 中共中央党校理论研究室编《历史的丰碑：中华人民共和国国史全鉴》（政治卷1），中央文献出版社，2005：480。

中华人民共和国成立以来的城乡关系进行了梳理，系统全面地总结了我国城乡关系发展进程中的成就和教训，并结合了1978年改革开放之后城乡关系经历的两次重大历史性变革的实践经验，对城乡关系理论进行了创新，提出了城乡互动思想，[①] 为中国共产党新时期的城乡建设指明了方向。[②] 邓小平的城乡互动思想以经济为中心，主要强调的内容是经济、社会与生态方面相互协调发展。

（一）农村改革促进经济发展

邓小平城乡关系的核心思想是以经济建设为中心，在科学处理城乡关系的过程中，将促进经济建设作为主要基调。邓小平坚信通过改革可以解放和发展生产力。邓小平曾提出："只要生产发展了，农村的社会分工和商品经济发展了，低水平的集体化就会发展到高水平的集体化，集体经济不巩固的也会逐渐地巩固起来。关键是发展生产力，要在这方面为集体化的进步发展创造条件。"[③] 他强调农村的改革和发展是一个长期过程，具有复杂性，并根据农村的经济发展状况提出"两个飞跃"的理论。第一个飞跃理论是指废除人民公社，实行家庭联产承包制。当时我国正处于人民公社体制时期，这种体制不适合农村生产力的发展，家庭承包责任制对于农民在经营方面更具有灵活性，农民通过当时农业的发展情况，自主选择经营类型，因此充分发挥了农民对农业发展的创造性。邓小平曾这样说："在没有改革以前，大多数农民是处在非常贫困的状况，衣食住行都非常困难。"[④] 十一届三中全会以后，我国开始对农村进行改革，给予农民一定的自主权，

---

① 《邓小平文选》（第3卷），人民出版社，1993：373－381。
② 《邓小平文选》（第3卷），人民出版社，1993：373－381。
③ 《邓小平文选》（第2卷），人民出版社，1994：315。
④ 《邓小平文选》（第3卷），人民出版社，1993：352。

这种方式可以有效提高农民的积极性。只有将农民的积极性调动起来，农村的生活面貌才能得到真正的改变。第二个飞跃理论是指适宜科学的种田，迎合生产的社会化，着重发展适度规模的经营和集体经济。实施科学的种田对农业的发展起到了积极的作用。邓小平曾强调："要大力加强农业科学研究和人才培养。改变农村单一的经营模式，提高农作物的产量，改变传统的耕作方式，为农村解决能源问题，依靠科学来保护我们赖以生存的生活环境。"[①] 在调整基层生产关系的同时，放宽农村的经营政策，积极鼓励农村进行多元化的经营形式，提高农民对生产的积极性，逐渐实施家庭联产承包责任制，通过调整农村的生产关系来调动农民对农业生产的积极性，有效促进了我国农村经济的发展。因此，中央决定将这种改革引入城市，并对城市的国营企业进行调整。为了提高国营企业的自主权，中央决定实施经营责任制，通过利益的推动提高国营企业的创新能力，从而获得更好的经济效益。

（二）城乡互动发展

工业与农业发展的不协调阻碍了城乡之间的发展，邓小平根据我国的实际国情，通过大力发展生产力来满足人民对美好生活的向往，同时注重调整城市与乡村之间的产业结构，并重点阐明了农业在我国经济发展过程中的重要性。优先发展农村农业以及轻工业，可以有效推动农村第三产业的发展。邓小平认为农业与工业具有相互依存的关系，是一种相互制约的发展过程，农业与工业的发展问题不能片面地去分析。邓小平曾说："农业和工业，

---

① 中共中央文献研究室编《邓小平年谱（1975－1997）（下）》，中央文献出版社，2004：882。

农村和城市，就是这样相互影响、相互促进。这是一个非常生动、非常有说服力的发展过程。"① 农业哺育了工业的发展，工业又反哺农业的发展，工业与农业相互支援，共同发展进步。邓小平认为，工业和城市的发展应该同时带动农村的经济发展，积极帮助农村发展自己的小型工业，从而满足我国农业生产和农民生活的各种物质需求，有效推动农村的工业化发展。只有增加农民的收入，使农民过上富足的生活，让农村适应农业机械化发展要求，这样才能慢慢地缩小城市与乡村之间的差距。在农村工业快速发展的过程中，农村的部分企业不断发展壮大，逐渐改变了传统单一的经营模式，有效提高了农业生产效率，扩大了农村居民的就业渠道，增加了农村居民的收入，使得城市与乡村之间的差距不断缩小，改善了城乡之间不协调、不平衡的现象。邓小平也曾高度肯定农村乡镇企业的发展对农村经济起到的至关重要的作用，认为："农村改革中，我们完全没有预料到的最大的收获，就是乡镇企业发展起来了。"② 农村部分企业的发展和壮大为中国特色社会主义的农村工业化开辟了一条新的道路，也是我国城乡关系发展的重要转折。

（三）优化城乡资源配置方式

自新中国成立以后，我国通过社会主义改造逐渐形成了具有中国特色的高度集中的计划经济体制。国家出台了一系列的指令和计划，将人财物等各种资源掌控在政府的手中。城市与乡村之间的各种交换活动，如社会生产、分配等都要遵守国家的规定，这种现象使得我国的资源不能得到有效的利用，城市与乡村的资

---

① 《邓小平文选》（第3卷），人民出版社，1993：376。
② 《邓小平文选》（第3卷），人民出版社，1993：238。

源不能进行合理的流动，阻碍了城乡经济的发展。同时，受到户籍制度的影响，农村的剩余劳动力很难转移到城市，进一步加剧了城乡之间的矛盾，使得城市与乡村出现了巨大的壁垒。为了加快我国的工业发展，我国出台了相应的政策，采取农业反哺工业的方法，通过利用工业产品与农业产品的"剪刀差"形式，为工业的发展积累资本，这种政策措施阻碍了农业的发展，造成城市与乡村之间矛盾的加剧，拉大了城市与乡村之间的差距。在计划经济体制下，城乡之间的矛盾日益严重，邓小平从国家发展的角度出发，提出了社会主义市场经济理论，认为社会主义与市场经济之间不存在根本性的矛盾，指出"在某种意义上说，只搞计划经济会束缚生产力的发展。把计划经济和市场经济有机结合起来，就更能解放生产力，加速经济的发展"。① 邓小平认识到市场作为一种经济手段的重要性，社会主义市场经济理论将计划经济与市场经济有机结合，这种资源配置方式帮助我们正确梳理城市与乡村之间的关系，同时也为我国城乡经济体制的改革指明了方向，缩小城乡之间的差距，有效促进城乡之间的协调发展，为以后研究城乡关系提供了理论基础。

（四）科学技术促进农业实现现代化

邓小平一直以来都非常重视科学技术的发展与生产力之间的关系。依据科技革命与世界经济的发展变化，邓小平从马克思主义科学技术的角度出发，结合我国对现代化建设的需求，提出了"科学技术是第一生产力"的论断。② 邓小平总结了我国社会主义

---

① 《邓小平文选》（第3卷），人民出版社，1993：148～149。
② 中国中共党史学会编《中国共产党历史系列辞典》，中共党史出版社、党建读物出版社，2019。

现代化建设过程中的失败教训，并从国家长远发展的角度出发，大力发展科学技术与教育。邓小平一直强调先进的科学技术和教育是我国社会主义现代化建设过程中的关键，他曾这样说："我们要实现现代化，关键是科学技术要能跟得上去。发展科学技术，不抓教育不行。"① 在党代会的报告中提出，实现工农业总产值二十年翻两番的经济发展目标。邓小平提出将农业、能源与交通，科学与教育作为经济发展过程中的重中之重。我国处于社会主义建设的初级阶段，农村的科技发展还十分落后，教育水平和资源仍然十分短缺，邓小平根据我国的实际国情提出了科技兴农的发展思想，并强调了现代科学技术在农村经济社会发展过程中应占有重要的地位，同时表明农业科技现代化是我国农业现代化的核心，"如果没有现代化的科学技术，就不可能建设现代化的农业、现代化的工业以及现代化的国防"。② 要想实现农业的现代化，就必须具备掌握先进科学技术的人才，而人才的培养离不开教育。所以，邓小平指出要树立人才观念，通过科学合理的教育培养更多的人才，同时政府要加强对农业科学技术的投资，营造良好的环境、吸引更多的人才投到农业科技的发展当中。在大力发展农业现代化的过程中，邓小平同样重视教育问题，他认为教育可以有效地提高农民的文化素质，更好地实现农业现代化，因此应该将提高农民科学文化素养纳入科技兴农的战略框架里，要求加强农民的文化教育水平，让农民正确认识科学技术对农业的重要性，培养具有较高文化素养的新一代劳动者。邓小平的科教兴农思想为我国社会主义农业现代化建设开辟了新的道路，从而有效地促进了城乡融合的发展，缩小了城乡之间的差距。

---

① 《邓小平文选》（第2卷），人民出版社，1994：40。
② 《邓小平文选》（第2卷），人民出版社，1994：86。

（五）保护生态环境，促进城乡协调发展

随着经济的快速发展，生态环境的破坏问题受到了全国乃至全世界的关注。邓小平高度重视生态环境的保护工作，他提出应将经济发展与环境保护放在同等重要的位置，并且环境保护与经济建设可以协调发展。在经济快速发展的过程中，发展中国家很容易忽视生态环境的保护问题，然而生态环境的破坏将会阻碍社会的可持续发展。人口、环境与经济的发展是紧密相连的，限制人口增长可以有效地节约自然资源，从而保护生态环境，科学合理地处理人口与资源环境、经济社会的关系，可以更好地促进社会的协调发展。邓小平在一次视察时对随同的地方领导说："桂林是世界著名的风景文化名城，如果不把环境保护好，不把漓江治理好，即使工农业生产发展得再快，市政建设搞得再好，那也是功不抵过啊！"① 邓小平肯定了生态环境在我国现代化建设中的重要地位，同时明确了人口与资源环境、经济社会协调发展的思想，为城乡之间的生态协调指明了方向。

总之，在城乡关系的发展过程中，增强城乡之间的互动，提高工业与农业之间的互动，合理利用市场的调节作用，注重科学技术与人才的培养，同时注重生态环境的保护，可以有效促进经济社会协调发展，有效推进城乡之间互动互补，最终缩小城乡之间的差距。这些措施的思想和观点都是对马克思主义城乡关系理论的一种创新，也对中国共产党探索中国特色社会主义城乡关系协调经验的一个总结。邓小平的城乡互动思想为之后研究我国城乡关系提供了理论基础。江泽民继承毛泽东城乡兼顾与邓小平城

---

① 童怀平、李成关编《邓小平八次南巡纪实》，解放军文艺出版社，2004。

乡互动思想的同时，从社会主义现代化建设的实际出发，对城乡互动思想进行了创新，进一步提出了城乡均衡思想。

三 城乡均衡思想

在社会主义建设的初级阶段，江泽民根据我国的基本国情提出了城乡均衡思想。在 20 世纪 80 年代末 90 年代初，我国社会现代化建设和改革开放遇到了许多难题，国内与国际环境都发生了巨大的变化。从国际的视角看，东欧剧变、苏联解体，许多国家的经济进入了困难时期，社会主义运动遭受到巨大的挫折，世界的格局从美苏两极向多极化转变，主要表现在 20 世纪七八十年代以美国为首的世界经济格局逐渐演变为美、日、西欧三足鼎立局面。国内则随着经济形势的转变，工业与农业，城市与乡村之间的差距日益扩大，社会发展中的矛盾也逐渐显现出来。在这个新的历史时期，如何科学合理地处理好城乡之间的差距问题是党中央工作的重中之重。以江泽民为核心的党的第三代中央领导集体，从我国改革开放与社会主义现代化建设的全局角度考虑，提出了城乡均衡思想。

江泽民认为要提高我国的现代化水平，解决农民就业和增收问题，必须调整农村就业结构和产业结构，走工业化、城市化的路子，逐步解决我国城乡二元经济社会结构问题。[①] 通过转变传统发展理念，树立正确的发展观，促进城乡均衡发展，建立城市和乡村市场的统一，加快我国城镇化建设工作，才能有效地缩小城乡之间的差距，使城市与乡村共同繁荣发展。在城乡发展的过程中，城市的工业得到了快速的发展，而农业处于相对滞后的状

---

① 《江泽民文选》第 3 卷，人民出版社，2006：407～409。

态，农村居民的收入普遍比较低，农民的生活水平比城市居民的生活水平低很多，造成城乡差距明显的问题。江泽民始终关注农民问题，并强调坚持深化改革，增强农村的发展活力，调动农民对农业的积极性，这是我国社会主义初级阶段的首要任务之一。从党的十三届四中全会到党的十四大，江泽民多次强调"三农"问题是我国社会发展过程中最主要的问题，也是关乎国家全局的问题，应从战略的高度正确认识"三农"问题的重要性，更多地关注农业的发展，农村的改革和农民的生活状态。江泽民认为农业是"社会效益大而比较效益低的产业，必须通过国家的宏观调控加以扶持和保护"。[①]

工业发展的好坏将直接影响我国城市经济的发展。在计划经济背景下，国营企业只是一个生产单位，缺少经营过程中的自主权，不适应市场经济的发展要求。江泽民认为要想把国营企业做得有声有色，就必须对国企进行改革，促进城乡之间的协调发展。我国农业以家庭联产承包经营为主，通过市场、社会服务以及政府政策的支持，来建立与社会发展相适应的新农村经济体制。在国企不断改革的同时，也应逐渐改变城市传统的运行模式，建立起具有现代化企业的制度体系。随着我国社会经济体制的不断改革，整个社会的大环境发生了变化，形成了一种工业支持农业、城市反哺农业的新局面。在党的十六大报告中，江泽民提出了统筹城乡发展的思想，注重解决"三农"问题。要想实现城乡经济社会的和谐发展，必须改变农村居民的生活面貌，大力发展农村经济，提高农村居民的收入水平。发展农村的同时，不能忽略城市经济的发展，应该始终坚持城市与乡村的共同进

---

① 《江泽民论有中国特色社会主义（专题摘编）》，中央文献出版社，2002：129。

步。江泽民认为："要逐步提高城镇化水平，坚持大中小城市和小城镇协调发展，走中国特色的城镇化道路。"[①] 小城镇的发展是社会主义建设过程中的一个必经阶段，也是提高我国农村经济的一种必要手段。科学合理地发展城市与小城镇可以有效促进城乡经济的协调发展，有利于农业实现现代化，加强城乡之间的互通。在农村的建设问题上，江泽民强调要运用科学的发展观，合理布局农村的基础设施建设，精心建设与制定农村的政策方针，从而保障农民自身的利益。城乡均衡思想不仅促进城乡之间的协调发展，而且也为今后的城乡互动营造了一种良好的环境。胡锦涛从人民的利益出发，为我们早日实现小康社会做出了很大的贡献。

四　城乡一体化思想

自党的十六大以来，胡锦涛全面贯彻"三个代表"的重要思想，坚持让城乡居民过上美好幸福的生活，全力加快我国现代化建设的步伐。随着我国社会主义市场经济体制的不断发展壮大，市场在资源配置中起到了至关重要的作用，我国逐渐地改变了传统的城乡关系，农村不再是城市发展的单纯贡献者，而是转变为城乡双向互动的新模式。在政府与市场的双重作用下，城乡之间的要素进行了双向流动，农村的剩余劳动力转移到城市，城市的资本转移到乡村。但是，由于我国一直受城乡二元体制的束缚，农业和农村的经济要素在交换过程中仍然存在很多问题，农业和农村经济在资源配置中处于较低的地位。农村的生活环境与城市相比十分落后，农村的发展机遇与城市相比也要少很多。城市与

---

① 《江泽民文选》（第3卷），人民出版社，2006：546。

农村在要素交换方面，资源配置方面都处于极不平衡状态，因此造成城乡之间的差距拉大，严重阻碍了社会的和谐发展。

面对城乡之间的差距的不断扩大，胡锦涛同志始终坚持统筹城乡发展的思想，根据我国现阶段经济社会的发展，提出了"两个趋向论"。① 胡锦涛在党的十六届四中全会上提出："纵观这些工业化国家的发展历程，在工业化初始阶段，农业支持工业、为工业提供积累是带有普遍性的趋向；但在工业化达到一定程度后，工业反哺农业、城市的发展促进农村的进步，实现了工业与农业、城市与农村协调发展，也是带有普遍性的趋向。"② 这一论断表明，中共中央对城乡发展进行了科学全面的统筹，重点强调农村农业的重要地位，坚持利用工业带动农业，城市带动乡村发展，为实现城乡一体化发展奠定一定的基础。自党的十六大以后，统筹城乡发展成为我国社会主义建设的重要方针。胡锦涛在邓小平城乡互动思想与江泽民的城乡均衡思想的基础上，总结国际发展经验，提出了适合我国的城乡关系理论。胡锦涛的统筹城乡发展思想揭示了世界工业化与城镇化过程中关于城乡关系发展演变的普遍规律，他的思想第一次比较系统地解决了我国社会主义现代化建设过程中的争议。统筹城乡发展思想是中国共产党在城乡关系问题上一次重大的理论创新，同时也丰富了马克思主义的城乡关系理论。统筹城乡发展思想的形成，标志着城乡分治的终结，我国工农关系、城乡关系进入了工业反哺农业、城市带动乡村发展新的历史时期。

---

① 中国中共党史学会编《中国共产党历史系列辞典》，中共党史出版社、党建读物出版社，2019。
② 《十六大以来重要文献选编（上）》，中央文献出版社，2005：264。

（一）工业反哺农业

统筹城乡发展的理念摆脱了传统的城乡关系发展思维，强调城市与乡村的结合发展，把城市和乡村看作一个整体，相互促进、共同发展。统筹城乡发展的模式标志着我国的城乡关系进入了一个新的局面。胡锦涛认为，农村的经济与城市的经济存在相互影响、相互制约的关系，我们不能只发展农村不发展城市，也不能只发展城市，忽略农村农业的进步，而是应该统筹兼顾。①在促进城市经济发展的同时，利用城市的辐射作用带动农村经济的发展，通过城市工业的先进技术带领农村农业实现现代化。统筹城乡发展包括很多方面，如合理规划社会建设，合理发展产业和体制机制，合理分配收入和资源配置等很多方面，统筹城乡发展最主要的目的是缩小城乡之间的差距，最终实现城乡一体化发展。

通过工业的发展来带动农业的进步，城市的繁荣带动农村经济的发展，这种城乡关系发展模式需要政府政策的支持，使得工业的生产要素合理地流向农业。与此同时，应该加大资金有效地支持农业发展，完善农村的基础设施建设和服务，让老百姓感受到改革的好处，改变农村的资源配置情况，增加国民的收入水平。胡锦涛非常注重解决"三农"问题，他最为关心的问题就是农民的收入问题，只有农民的收入增加了，农业的发展才能很好地进行。通过城市带动农村经济的发展，可以有效消除城乡的二元经济结构特征，促进城乡之间资源要素的流动，促进城市与乡村之间的共同发展，让全国百姓享受到改革带来的硕果。这一思

---

① 《中共中央关于推进农村改革发展若干重大问题决定》，中央政府门户网站，http://www.gov.cn，最后访问日期：2022 年 6 月 1 日。

想有利于城乡一体化的发展，为城乡协调发展指明了方向。

（二）统筹城乡发展

"三农"问题的主要任务是切实地解决农业、农村和农民的问题。统筹发展是城乡关系发展的一个新理念，是统筹全局，重点突出。胡锦涛统筹城乡发展的思想更加注重解决农民的问题，也是全党工作的重点。通过减少农业税来加强对农业的支持，同时增加公共财政对农业的支持和社会主义新农村建设等方法，从农民的角度出发，解决农民最关心的问题，增加农民的收入，提高农业的现代化建设，改善农民的基本生活条件，确保农民可以享有与城镇居民同等的公共服务和发展机遇。我国为实现统筹城乡发展，缩小城乡之间的差距，提出建设社会主义新农村。2006年，我国从统筹城乡发展的战略高度第一次提出了建设社会主义新农村，改变农村落后的局面，缩小城乡之间差距等相关措施。这些措施有助于农村经济的快速发展，提高农村居民的整体生活水平，增加农民的收入水平，完善农村的基础设施，通过改革使得农村居民可以享受到与城市居民同等的社会待遇。胡锦涛曾指出："农村稳定是全国稳定的基础，农村安定和谐是全国安定和谐的基础。"[1] 2007 年，我国继续发挥社会主义新农村建设在国家发展过程中的重要作用，同时坚持农业现代化发展在社会主义新农村建设中的重要地位，继续加大对"三农"问题的解决力度，提高农业现代化技术水平，完善农村的基础设施建设，增加农民的收入，解决农民最关心的问题，促使新农村建设进入崭新的阶段。

---

[1] 《十六大以来重要文献选编（下）》，中央文献出版社，2008：277。

从我国城乡关系发展过程来看，社会主义新农村建设改变了传统的优先发展重工业的策略，是对只注重城市的发展而忽略农村经济的发展的一种纠正，同时也有效提高了农民的社会地位，使得城市与乡村、工业与农业之间获得更平等、更公平的保障，最终实现城乡经济社会的和谐发展。

（三）城乡一体化发展

随着社会主义新农村建设的实施与农村改革的深化，农村面貌焕然一新，但是与城市相比差距仍然很大，原因是我国的城乡二元结构并没有从根本上改变，城乡二元结构特征仍然制约着我国社会主义现代化建设的发展，同时迟滞了我国全面进入小康社会的步伐。在统筹城乡发展的过程中，呈现出许多的难题，为了彻底破除城乡二元结构的问题，实施城乡一体化是我国经济社会发展的最重要任务之一。胡锦涛认为，要想实现城乡一体化，就必须高度重视体制改革和政策的调整。在2003年中央农村工作会议上，胡锦涛非常重视农村的税收改革问题与粮食流通体制改革的相关问题，希望通过实施城乡一体化的税收制度来完善农村的经济体制，从而破除城乡二元结构，增强农村的发展活力，推动农业现代化的发展，营造一种良好的城乡协调发展环境。胡锦涛在党的十七大报告中曾提出了统筹城乡发展的战略，要想有效地解决"三农"问题，必须重视农村农业的现代化建设，并构建"以工促农，以城带乡"的机制，早日实现城乡一体化的新局面。[①] 随着统筹城乡发展的推进，农民的生活条件得到了改善，税收制度的调整提高了农民的积极性，增强了农村的活力，农村

---

① 《十七大以来重要文献选编》，中央文献出版社，2009：673。

的基础设施也得到了相应的改善，城乡之间的差距也逐渐缩小。但是从整体来看，我国的城乡仍处于失衡的状态，资源要素配置不合理，城乡的公共服务差距仍然巨大，城乡二元结构现象没有从根本上得到解决，同时城乡的生态环境也受到了极大的破坏。因此，我国城乡迫切需要科学合理的政策扶持，以解决城乡之间的差距问题。虽然改革在不断进行，但是总会出现新的问题，在党的十八大报告中，胡锦涛提出推动城乡一体化发展，将解决"三农"问题作为以后工作的重点，完善城乡一体化体制机制，进一步完善城乡的基础设施和公共服务，合理规划城乡布局，促进城乡之间要素的自由流动，最终形成城乡一体化的新面貌。

胡锦涛的城乡关系思想随着社会的发展不断地深化，从最初的"两个趋势"到统筹城乡发展，利用城市发展带动农村经济的发展，通过工业的技术引领农业实现现代化，全面建设社会主义新农村，改变农村整体的经济面貌，最终实现城乡一体化发展。胡锦涛统筹城乡关系的思想为新时期我国如何正确处理城乡关系问题指明了前进的方向。以习近平同志为核心的党中央，在全面深化城乡一体化的同时提出了城乡融合思想。这种新思想与马克思主义城乡关系理论，城乡兼顾理论、城乡互动理论、城乡均衡理论，统筹城乡理论一脉相承、与时俱进，为我国新时代城乡关系的发展指明了方向。

五　城乡融合思想

自党的十八大以来，我国的经济社会发生了很大的改变。从世界的视角看，世界经济进入深度的调整期，呈现出低增长、低通胀的特点；从国内的环境看，中国的经济进入了低速发展的阶段，城乡之间经济、社会、生态等方面仍然存在不协调的现象。

以习近平同志为核心的党中央，坚持统筹城乡发展的思想，结合全面建设小康社会和社会主义现代化的发展要求，提出了城乡融合的新思想和新论断。城乡融合思想继承了马克思主义城乡关系理论的观点和方法，创造性地将马克思主义的城乡关系理论与中国特色的城乡关系的实践相结合，开辟了当代马克思主义城乡关系理论的新境界。

（一）全面深化改革，推进城乡一体化

中共中央始终坚持用改革的办法来破除城乡二元结构，将城乡的资源进行科学合理的配置，缩小城市与乡村之间的差距。城乡一体化的发展目标是让农村的居民可以享受到与城市居民同等的公共服务、基础设施以及收入水平，实现城乡之间要素的自由流动，通过城市产业的发展带动农村经济的发展，让城乡居民真正体会到改革带来的幸福感。目前我国已经具备实现城乡一体化的物质技术条件，加快推进城乡一体化，破除城乡二元结构。习近平从国家发展的全局出发，重点强调供给侧结构性改革，通过供给与需求有机的结合推进结构性改革，实现城乡一体化发展，加快破除城乡的二元经济结构。习近平高度重视城乡一体化体制机制，同时城乡一体化也是新时期城乡全面深化改革的重要内容。随着我国经济社会的发展，城乡之间的矛盾对立没能得到根本的解决，户籍制度、土地制度、财政制度等，严重地制约着我国城乡之间的协调发展，因此，要建立健全的城乡一体化体制机制，从根本上破除城乡二元经济结构特征，加快城乡之间的各种要素的流动，形成城乡之间要素的平等交换。

（二）新型城镇化与新农村建设互动发展

新型城镇化与社会主义新农村建设存在互动互促的密切联

系，两者不能分开发展。习近平同志在党的十九大报告中指出，要"推动新型工业化、信息化、城镇化、农业现代化同步发展"。这种思想进一步强调了城镇化与新农村建设的基本方针。2015 年中央政治局进行集体学习时，习近平强调要加快新农村建设工作的步伐，促进城乡之间的协调发展，让老百姓过上富足的生活，真正享受到小康社会带来的成果。城乡之间的协调互动发展，可以有效地促进我国早日实现小康社会[①]。习近平关于城乡一体化的重要论述表明了城镇化与新农村建设是我国城乡一体化发展的两个必要条件，两者相互支撑、相互促进，科学合理的规划是我国新农村建设的前提条件。新农村建设为我国城市化的发展提供了一定的物质基础，通过利用城市的资本、技术、信息和人才等各种要素，将促进农村经济的发展，有效调整农村产业结构；通过将城市的公共服务和基础设施延伸到农村，将使得农村的整体经济得到恢复，农业的技术得到提高，农村居民的收入也有所增加，农村生活水平整体提高。只有将城镇化与新农村建设有效地结合起来，才能使城市与乡村共同发展进步。在 21 世纪的前 20 年实现全面建成小康社会的伟大目标，到 21 世纪的中叶，我国基本实现现代化，在推进城乡一体化进程的同时，建立健全城乡融合体制机制，真正实现农业的现代化发展，最终缩小城乡之间的差距。

（三）以五大发展理念为指导，促进城乡融合发展

在党的十八届五中全会上，习近平根据我国的实际国情，将

---

① 徐小青、谢扬、宋洪远、郑晓晨：《健全城乡发展一体化体制机制 让广大农民共享改革发展成果——习近平在中共中央政治局第二十二次集体学习时强调健全城乡发展一体化体制机制 让广大农民共享改革发展成果》，《中国城郊经济年鉴》2015 年 10 月。

中国特色的社会主义建设的经验与我国历史发展相结合，提出了"创新、协调、绿色、开放、共享"的发展理念。习近平总书记提出的这五大发展理念，主要体现了中国特色社会主义发展观的主要内容，同时也为我国的城乡关系发展指明了道路。城乡融合的发展体制机制是以五大发展理念为主要的发展核心，有效打破了传统的城乡二元结构思维，这种创新的理念始终坚持以绿色生态文明发展为基础，促使城市与乡村相互开放，均衡配置城乡的公共资源以及促进生产力要素的自由流动，从而推进城乡之间的协调发展，消除城市与乡村两极分化的现象，真正实现城乡之间资源的共享、发展成果的共享，形成具有中国特色的城乡融合发展体制机制。

创新城乡关系，激活发展动力。我们始终坚持构建具有中国特色的新型城乡关系，不能按照其他国家的发展模式来规划我国的城乡关系，虽然其他国家的发展模式可以获得短期的收益，但是不利于我国的可持续发展。2017 年习近平在中央农村工作会议上强调，在城乡经济社会发展的过程中，应始终坚持"以工补农，以城带乡"的基本方针，全面实施乡村振兴战略。[①] 改革开放的这 40 多年，城市享有的现代文明成果有效辐射到农村，城市对农村建设起到了一定的影响，促使我国的工业化、城镇化、信息化与农业现代化共同发展，协调城市与乡村之间的分工，均衡城市与乡村的资源，促进城乡的协调发展，从而实现城市与乡村经济的共赢。城市与乡村是社会发展过程中的两个重要的组成部分，两者相互影响、相互依存。要想构建新型城乡融合关系，必须坚持城乡之间的协调发展。城市与乡村是一个有机的整体，科

---

① 《习近平出席中央农村工作会议并发表重要讲话》，http://www.gov.cn/xinwen/2020 - 12/29/content_5574955.htm，最后访问日期：2022 年 6 月 1 日。

学合理地进行城乡分工，实现城乡联动。只有将城乡之间的要素进行双向流动，才能实现"工农互惠"的理想目标。中国正处于社会主义发展的关键时期，虽然城乡之间的差异很大，但是也要保障在发展过程中各个领域相互协调。推进城乡绿色发展，促进可持续发展。绿色发展是以效率、和谐、可持续为发展目标，以节约有限生态资源和保护良好的生活环境为核心，建立生态文明的美丽中国，绿色发展体现了人们对美好生活的期望。其中，城乡之间的绿色发展问题也备受关注。农村环境的破坏自然会影响城市的生态环境，因此我们在城乡融合发展的过程中，应坚持以绿色发展理念为指导，建立良性的城乡生态循环；以开放和共享的发展理念打破城乡分割，推动内外联动发展。开放的发展理念实质是解决中国社会发展内外联动的问题。开放发展主要包括城乡之间互动开放发展和农业对外开放发展，源于两方面的影响。一方面是我国的城乡二元经济结构问题突出，城乡发展不协调不平衡问题一直制约我国的发展，这种不平衡根源于城乡要素不能自由、有序地流动。另一方面是我国的农业对外开放受到历史遗留与地理环境等各种因素的制约，不能与美国现代大农场的生产方式相竞争，我国的农业在国际竞争中处于劣势地位。因此，城乡开放发展既要开放城乡之间要素的自由流动，也要提高我国农业的现代化，增强国际竞争能力，依靠国家"一带一路"发展的新格局，提高农村的经济水平，实现城乡融合发展；共享城乡发展的成果，保障人民的生活水平。共享的发展理念是从根本上解决公平公正的问题，确保人民真正共享中国特色社会主义发展的成果。在我国城乡关系的转型时期，城乡之间存在各种不平衡的状况，这也是我国为什么提出城乡共享发展理念的最主要原因。在改革开放的初期阶段，城镇化与工业化的发展以牺牲农村为代价。新时代推行的共享发展理念，必须破除城乡居民的不平等、不公平的现象，使全体农民有机会、有权利享有社会发展带来的成果，最终实现发展成果的共享，发展机会的共享。

（四）实施乡村振兴战略，推进城乡融合发展

2017 年党的十九大报告中提出了实施乡村振兴战略，同时强调要建立健全城乡融合机制，早日实现农业现代化。在人类社会发展的历史长河中，工业城市的快速发展自然会导致农村人口的逐步减少，农业的现代化相对落后。与西方国家相比，我国的城市发展相对落后。以乡村振兴战略为依托，实现城乡融合发展，为建设社会主义新农村提供了保障。促进城乡融合，首先应推动城乡之间要素的融合，城乡要素的自由流动主要在于推进城乡生产要素市场资源配置的创新，强化制度供给，主要通过完善农村基本经营制度，确定农村土地承包关系，以保障农村集体权益不受侵害。应加强乡村振兴的人才支撑，通过建立健全的人才引进机制吸引更多的人才进入乡村，做到既能引进人才又能留住人才。同时拓宽城乡融资的渠道，有效解决农村资金短缺的问题，进一步保障以资本为基础的城乡要素的自由流动。在推进乡村振兴的发展战略方面，应营造一种人与自然相和谐的共生发展格局，强调乡村绿色发展。生态宜居的环境指的是乡村的自然环境与社会环境协调发展，达到人们居住的最理想环境，与此同时，乡村生态环境的发展离不开政府的监管。自党的十八大以来，习总书记始终坚持以人民为中心的发展思想，通过建立完善的农村社会保障体系来解决城乡居民的健康与养老等问题，最终目标是实现"老有所养，病有所医"。同时重点发展农村的教育事业，使农村的学生可以接受高质量的教育，促进农村劳动力的转移，

增加就业机会，深化户籍制度的改革，确保所有公民能够平等地享有社会公共服务，最终实现城乡融合。

2018 年习总书记在乡村振兴战略思想的基础上，提出了"五个振兴"的基本要求。[①] 在完善党的农村工作方面，坚持农业与农业一起抓的、城市与乡村一起抓，同时加强"三农"的建设工作，培养具备现代化理念的农村发展人才；强化党领导下的乡村振兴的法制建设，科学地设立符合现阶段城乡发展的法律法规；保证科学的法律体系的同时，确保城乡法律体系之间的公平性，促使城乡协调的融合发展。

---

① 《如何理解乡村振兴战略的"五个振兴"》，http://www.qstheory.cn/zhuanqu/bkjx/2019 – 08/13/c_1124870140.htm，最后访问日期：2022 年 6 月 1 日。

第三章　中国城乡关系从二元结构到
城乡融合的演变历程

改革开放 40 余年，我国的城乡关系经历数十年的发展，城乡之间的差距得到了缩小，并逐步走向城乡融合，这是一个曲折的动态发展过程。我国的城乡关系从二元到城乡融合的发展主要分为新中国成立到改革开放前、改革开放到 20 世纪末、21 世纪初期和党的十八大以来四个阶段。在这个发展过程中我国不断地调整城乡关系的发展战略，完善相关的体制机制，为实现城乡融合发展奠定了基础。

第一节　新中国成立到改革开放前城乡
二元结构的形成与固化

中国的城乡二元结构特征与其他国家性质不同，城乡二元结构的产生既有内生性因素，又有体制机制的作用和影响。我国早期的城市工业经济主要受到帝国主义以及资本主义所影响，而农村的经济受封建地主控制，我国的城乡二元结构经历了初步形成到逐渐固化的过程。自新中国成立以来，我国受诸多因素的影响而选择优先发展重工业，同时，国家出台了一系列限制农村居民进城的措施，使城乡二元结构体制初步形成。经过长达十年的"文化大革命"，中国的国民经济遭到了巨大的损失，城乡二元结构进入了固化的阶段。

一 城乡二元结构的形成（1949～1957 年）

自新中国成立初到改革开放前，我国的城乡关系呈现出二元结构特征。新中国成立初期，我国面临西方国家的各种封锁和挑衅，国民经济趋近崩溃的边缘。在面对国际压力与国内压力的情况下，为了保障新生的人民政权，加快提高我国的国防力量和现代化水平，成为这一时期的首要任务。但是由于自身缺乏经验，只能借鉴苏联的模式提出了以重工业为主的工业优先发展战略。作为以农业为基础的发展中国家，为了使工业能够快速地发展起来，选择牺牲农业为工业服务。因此，政府进行了干预，通过工农产品价格"剪刀差"的形式，用相对较低的价格强制地把农村与农业的剩余转移到城市和工业当中，为工业的快速发展提供了资源。根据相关专家的测算，1952～1957 年，这五年通过工农产品的"剪刀差"从农业部门聚集的净积累为 475 亿元，占同期财政收入的 30.9%；[①] 另一方面的原因是计划经济体制的实行。在新中国成立之初，我国开始实施计划经济体制，一系列阻碍城乡协调发展的制度相继出台，如统购统销制度、人民公社制度以及户籍制度等。在这种复杂的制度体系下，政府不断地加强资源控制和完善行政管理制度。虽然这些制度可以有效促进工业的发展，改善城市的经济状况，但是这些制度阻碍了城乡之间的协调

---

① 何炼成：《中国发展经济学概论》，高等教育出版社，2001：44－45。

发展，使得城乡之间的差距越来越大。一是在计划经济体制的背景下，城市与乡村分割发展。随着新中国的成立，我国的经济建设大规模地展开，但作为新成立的国家还缺乏社会主义经济建设的经验，因此没有考虑中国的基本国情，只是照搬苏联的模式，对我国实施不符合本国国情的计划经济体制。计划经济体制的核心是坚持中央的计划，采用统购统销的方式对市场进行集中的管理。在这种中央集权的条件下，所有的资源受到了控制，使得更多的资源主要集中在城市以及工业。但是，计划经济管理体制对经济资源配置是不合理的，通过人为的方式扭转要素的价格，阻碍了市场的自动调节功能，尤其是市场作用于产品要素价格，造成城乡之间生产要素很难自由地流动，所以这种以全面扭曲产品和要素价格为特征的计划经济体制内生地造成城乡的分离发展。二是农产品的统购统销制度阻碍了农业与工业产品实现市场交换。我国在大规模经济建设的过程中，为了加快城市的建设和工业的发展，大批的农民由农村转移到城市，城镇人口大幅度增加，而从事农业的生产者逐渐减少，加之自然灾害，粮食产量逐年降低。受到粮食市场的不规范管理，我国粮食的供需关系出现矛盾。面对这种严峻的形势，中央为了保障粮食的安全重新调整了粮食监管，国家对粮食的收购和供应实施强制的市场管理与中央统一管理的购销体制。在这种体制下，国家对农产品占据绝对的垄断地位，市场对农产品的作用几乎消失，城市与农村之间商品流通的渠道受到了限制，工业与农业的产品不能进行平等的交换，并且以工农产品价格"剪刀差"的形式为城市工业的发展提供了大量的积累。

新中国成立后，虽然城乡二元经济结构特征逐步形成，但是我国的国民经济还处于非常落后的局面。为了改善这种经济落后的状态，毛泽东带领全国人民走统筹城乡发展的道路，通过一系列措施来稳定物价，没收官僚资本。在"一五"计划时期，我国开始加快工业化的步伐，实行大规模的工业化建设，这也有效地推动了城市的发展，改变了城市的经济面貌。五年时间里，我国的城市数量增加了22个，城镇人口增加2786万人，[①] 城市化的发展促进了城市与乡村人口的流动，农村人口大量涌入城市，城市人口也流向农村，呈现出双向流动的局面，有效促进了国民经济的发展。在此期间，为了让农村居民获得更多的利益，缩小工农产品之间的价格，中央推出了一系列稳定工业产品价格的政策。总体来看，在新中国成立初期我国的城乡关系处于基本协调的状态。

二　城乡二元结构的固化（1958～1977年）

新中国成立之初，我国的城乡关系处于相对稳定的状态，但是仍然呈现出二元结构特征，造成城乡二元结构固化的原因是工业优先赶超战略的实施。20世纪70年代末，作为资本密集型产业的重工业，由于吸纳剩余劳动力的能力相对较弱，导致农业部门剩余的劳动力过多。1958年，我国重工业产值比上年增长78.8%，而农业增长2.4%。在工农业总产值中，重工业产值所占比重由上年的25.5%上升到35.2%，农业产值所占比重则由43.3%下降为34.3%。全民所有制职工人数增加了2081万人。由于职工人数增加过多，致使非农业人口增加了1592万人，粮食销售量增加了134亿斤。[②] 1958年后，工业的快速发展有效促进

---

① 吴跃农：《新中国"一五"计划的诞生历程》，《红岩春秋》2020年第12期。
② 当代中国的计划工作办公室编《中华人民共和国国民经济和社会发展计划大事辑要（1949～1985）》，红旗出版社，1987：129。

了经济的增长，因此，我国开始组织大量的劳动者从事重工业，如大炼钢铁等，这一计划的实施也使得农村劳动力逐渐地减少，愿意留在农村继续从事农业劳动的劳动者大幅度下降，转移到城市从事工业建设的劳动者多数是身体健壮的青年，留在农村生活的多是年迈的老人。农业劳动者与工业劳动者的比例由上年的13.8∶1下降到3.5∶1。[①] 1959~1978年，通过工农产品"剪刀差"从农业部门聚集的净积累为4075亿元，占同期财政收入的21.3%。[②] 我国通过利用重工业优先发展的模式以及农业部门为工业提供大量的积累，在较短的时间内完成了相对比较独立的国民经济体系，既提高了国际地位，又增强了国防力量。但是在这种情况下，我国的经济结构与城乡之间的关系处于失衡的状态，农业的自我发展能力被削弱，农民的生产积极性受到严重减弱，农业的发展长期处于相对落后的状态。总之，我国实施的优先发展重工业的发展战略有效提高了我国的经济增长，但是以牺牲农业与农村为代价，一切为了城市的繁荣与工业的发展思路也违背了等价交换的正常规律，造成城市与乡村的分离，工业与农业的分离，削弱了农村发展能力，进一步恶化了城乡二元经济社会结构。与此同时，由于计划经济体制以及相关社会制度的实行。一是人民公社强化了城乡之间的分离，1958年随着"大跃进"的进行，我国农村开始大力实施政社合一，我国的经济方面和社会方面都具有高度的组织化，国家尽可能从各方面支援人民公社的所有制经济。人民公社根据各个地方的情况，将人民公社组织分为两级，即公社和生产队，也可以分为三级，即生产队、生产大队

[①] 柳随年、吴群敢主编：《中国社会主义经济简史（1949－1983）》，黑龙江人民出版社，1985：235。

[②] 何炼成：《中国发展经济学概论》，高等教育出版社，2001：44－45。

和公社，其实际功能是对农村有限的资源进行严格的控制，利用合作社等方式对农村以及农民进行严格的管理，将权利集中在一部分人手中，并通过一系列的体制机制对城乡居民的自由流动进行严格的控制。与此同时，国家为了保障城市的稳步发展，为城市居民提供了偏向城市的劳动就业制度以及各种社会福利待遇，忽略了对农村居民的生活关怀。农村所实施的人民公社制度和城市的相关管理制度等一系列社会制度，虽然在一定程度上稳定了城市与农村的发展，但是在这种体制下，城市与乡村被完全地分割开来，严重阻碍了城市与农村的自由流动，城市与乡村成为两个相互独立的个体，这种状况也进一步加剧了城市与乡村之间的分离。二是城乡二元户籍制度严重影响了城乡之间人口的流动。在新中国成立之初，我国开始实施户籍制度，通过户籍制度对城乡之间的人口流动进行严格的控制，在城市与乡村相互分离的这种城乡二元结构的情况下，户籍制度成为社会的一种最基本的保障。1954 年我国颁布了第一部宪法，其中，户籍制度规定居民享有自由居住和迁徙的权利，但是到 1958 年我国对人口流动进行了严格的控制，并在此年颁布了户籍管理法律法规，即《中华人民共和国户口登记条例》，这部户籍制度将城市与乡村的居民严格地划分开来。中国政府对人口的自由流动实施了严格的限制和管制，也是第一次很明确地将城市与乡村居民分割开来，分为"农业户口"和"非农业户口"这两种不同的户籍，实际上也是废除了 1954 年宪法关于居民享有自由居住和迁徙的权利。这一户籍制度的颁布，标志着我国政府以严格控制农村与城市人口自由流动为核心的户口迁移制度的形成。以出生地为基础，我国将人口从制度方面划分为城市人口和农村人口，同时也逐步形成了城市与乡村两种不同的户籍管理制度，严格控制了城市与乡村之间户籍的转换。这种城市与乡村完全分割的户籍管理制度，虽然在某种程度上稳定了社会的发展，保证了经济的有效运行，但是也产生了一系列城乡之间的矛盾，造成了城乡二元结构的严重恶化，改变了原有城乡的关系，对我国社会的长期发展造成了严重阻碍。

1958 年，中共中央为加强我国的经济建设，积极掀起工业与农业生产高潮，提出"大跃进"口号及人民公社运动。经历了"三年困难时期"，我国的国民经济处于严重的困难时期，经济结构严重失调。1960 年我国的工业生产总值为 1637 亿元，与 1957 年的工业生产总值 704 亿元相比，仅增长 1.3 倍；1960 年我国农业生产总值是 457 亿元，与 1957 年的农业生产总值 537 亿元相比，下降了 14.9%。在同一时期，全国粮食总产值 1600 亿千克，与 1957 年粮食总产值 1950 亿千克相比，下降了 350 亿千克。① 在这个时期的城市人口不断增加，致使粮食供给不足。粮食产量的下降导致供需矛盾增加，这种矛盾的产生，根本原因在于城市与农村之间的矛盾，工业与农业之间的矛盾。1961～1965 年国民经济的调整使得城乡之间的矛盾得到了暂时的缓解，但是"文化大革命"的爆发使得城乡关系产生了新的矛盾。中共中央吸取前期的经验教训，出台了一系列政策限制农村人口向城市流动，精简了城市人口。这种较为严格的政策出台，使得城乡之间要素流动减少，城乡之间出现分离的势态。1978 年我国的工业生产总值比 1965 年增加了近两倍，但是工业的快速发展并没有促进城市的发展，城市的发展出现了严重的滞后。在这个时期，我国的城乡经济和城乡社会发生了严重的分离，致使城乡二元结构矛盾加剧。

---

① 中华人民共和国国家统计局《新中国五十年统计资料汇编》，中国统计出版社，1999。

总之，经过这三十年的长期奋斗，中共中央始终以城市为中心，通过牺牲农村以及农业为城市的工业提供大量的资源。虽然我国提出的战略方针中强调城乡兼顾，要科学地处理城乡之间的关系，强调农业与农村共同发展，但是在实际的操作方面还是侧重于农业支持工业、农村支持城市的发展，农业农村始终处于服务的位置，农业与农村的发展一直处于相对落后的局面。这一时期我国提出和制定的一系列方针政策都严重固化了城市与农村的分离发展，使得我国的城乡关系发生了极大的转变。因此，城乡二元经济结构在计划经济时期发生了固化。

第二节　改革开放到20世纪末城乡二元体制破冰阶段

在计划经济背景下，中国经济由于受到各种因素的影响到达了崩溃的边缘，我国为了尽快改变这种局面，邓小平同志提出了改革开放的伟大构想，决定从农村开始改革。随着党的工作重心从农村开始转移到城市，改革开放不断地推进，中国城乡二元经济结构呈现出不同的状态。

一　城乡关系的缓和（1978～1984年）

党的十一届三中全会提出中国开始实施对内改革、对外开放的方针政策，迈出了改革开放的步伐，党的工作重心也从注重城市与工业的发展转移到经济建设的发展上来。首先是战略思路发生了极大的改变。党中央提出重工业优先发展的战略思想，同时注重农村农业的发展，不能始终以城市为中心，要改变这种情况，要通过牺牲农村以及农业的发展来促进城市的繁荣以及工业的进步的错误观念，将农业农村农民的发展作为我国经济建设的工作重心，提高农村整体的经济水平；其次是我国逐渐改变了传统的经济运行机制。从计划经济逐渐的转为市场经济体制，资源的配置方式也得到了一定程度的优化，城乡之间要素的流动也得到了一定缓解，为商品的平等交换创造了有利的条件；最后是农村逐渐摆脱了传统的社会管理体制。废除人民公社体制，同时逐步实施家庭联产承包责任制。对于这次土地改革，我国将土地产权划分为所有权和经营权两种，所有权归集体，经营权由集体经济组织按户均匀地分配给每一位农民，集体经济组织主要负责监督工作、公共设施的安排布置操作与调用、土地调整与分配等，逐步形成了一种有统有分、统分结合的双层经营模式。家庭联产承包责任制的实施，有效调整了我国长期以来的管理比较集中与经营方式比较单一的弊端，使得农村的劳动人民从劳动者转身变为生产者和经营者，这样有效提高了农民对农业生产的积极性，更好地发挥了劳动者与土地的潜力，同时对很多阻碍城乡人口自由流动、阻碍城乡之间经济交流的制度逐步进行改善。自从家庭联产承包责任制被中央肯定之后，截至 1983 年末，我国已有1.75 亿农村劳动者实行了包产到户，包产到户在所有责任制形式中所占的比率接近 97.8%。家庭联产承包责任制实施后，我国的农业发展相对较好，1978 年我国的粮食总产量突破 30000 万吨，高达 30476.50 万吨，到 1984 年粮食总产量增加至 40730.50 万吨，增长幅度为 33.6%。农民生产积极性的提高使得农民的生活水平得到较快改善，1978 年我国农村家庭平均收入是 133.6 元，到 1984 年增长至 355.3 元，增长幅度是 165.94%，[①] 这种增长速

---

① 中华人民共和国国家统计局《中国统计年鉴 2012》，中国统计出版社，2012。

度也体现了人们生活得到了实质上的改善。在这几年时间里，在改革顺利进行的基础上，我国城市与乡村分离的局面逐渐被打破，城乡之间存在的巨大差距得到了缓解。

一是城乡之间的产业结构得到了改变。改革开放之后，党中央的工作重心不再以城市为中心，而是逐渐重视农村农业的发展，随着农村改革的不断深化，工业与农业、城市与乡村之间发生了巨大的变化，城乡的二元经济结构特征得到了一定的缓解，城乡之间的关系得到了基本的协调。农村的经济得到了发展，农业总产值也呈现出上升的趋势，仅用五年的时间增加近 1817 亿元，其中种植业的总产值增加近 1262 亿元，1978～1984 年，平均每年增长近 11.8%。农业总产值在工农业总产值中所占的比重由 24.8% 增长到 29.7%，而工业总产值比重由 75.2% 下降到 70.3%。[①] 与此同时，我国农村工业迅速地发展起来，乡镇企业异常突起，工业生产总值由 1978 年的 1607 亿元增加到 1984 年的 2789 亿元。1983 年，乡、村两级企业的就业人数由 1978 年的 2821 万人增加到 3235 万人，产值由 493 亿元增加到 1017 亿元。[②] 二是城乡之间要素得到了流动。改革开放之后，我国认识到户籍制度对城乡之间人口的互动产生了一定的影响，阻碍了城乡之间要素的流动，因此，通过一系列政策手段改变了城乡之间相互独立的关系，加强了城乡之间的交流互动，有效促进了农村经济的发展，农村的人口开始自发转移到城市。1978～1985 年，农村的劳动力由农业转移到非农业的人口数量达到 2521 万人，使非农业的劳动就业人数达到 5670 万人，占农村劳动力总额的比重由

---

① 孙家驹、虞梅生：《走向 21 世纪的中国"三农"问题研究》，江西人民出版社，1997：57。
② 周叔莲、郭克莎：《中国城乡经济及社会的协调发展》，《管理世界》1996 年第 3 期。

10.3% 增加到 15.8% 。[①] 这一时期，城市与乡村之间的关系得到了缓解，农村不在处于服务的地位，农村的资源也不再只单一地转移到城市中，城乡之间的要素开始流动起来，同时我国的财政政策也不再只偏向城市的发展，也逐渐增加了对农村农业的支持。农村的经济得到好转，农村的人口也得到了增加，1978～1985 年，平均每年提高近 0.8 个百分点，占全国人口的比重也提高了近 5.8 个百分点[②]。三是城乡居民的收入分配制度得到了优化。随着我国对农村经济发展的不断调整，农村居民对农业的生产积极性也有所提高，农民的收入也不断地增加，生活水平也得到了一定的改善。1979～1985 年，我国农村居民的人均收入提高了近 400 元，增长接近两倍，同期的城镇居民人均收入仅增长接近 1.2 倍，农民的收入水平的增长速度要比城镇居民的高。因此，在这种情况下，城市与乡村居民的生活差距有所缩小。

总体来看，改革开放的初级阶段，我国的产业结构、城乡要素的流动以及城乡居民的生活水平等都有所提高，各项改革措施稳步推进，我国的经济活力也不断提高，城乡二元结构特征有所改变。但是，随着我国 20 世纪 80 年代中期经济社会发展战略的进一步调整，持续了 7 年的良好发展局面将再次被打破，城乡关系将再次进入失衡。

二 城乡关系的反复（1985～2002 年）

改革开放的初期，我国城乡关系处于相对比较协调的状态，经济社会发展相对稳定。到了 20 世纪 80 年代中期，我国经济社会发展的工作重心进行了再次调整，由注重农业农村的发展转向

---

① 周叔莲、郭克莎：《中国城乡经济及社会的协调发展》，《管理世界》1996 年第 3 期。
② 周叔莲、郭克莎：《中国城乡经济及社会的协调发展》，《管理世界》1996 年第 3 期。

城市。随着城市改革的全面推进，农村的改革发展基本上处于停滞的状态，城市与乡村之间的差距由此再次展开，城乡关系又一次进入失衡的状态。

农村经济再次进入停滞的状态，其原因主要有这几个方面：一是资源严重倾向于城市和工业。改革开放以后，城市偏向于工业优先发展的战略并没有放弃，国家将大量的经济资源配置用于城市经济的发展和工业技术的进步，而对农村农业的资源相对较少。在财政方面，虽然国家一直强调中央财政要加强对农村农业的支持力度，加大了对农业的补贴，但是从财政资金的占比上看，并没有完全改变城市的偏向政策，对农业的补贴仍然很少，甚至出现下降的趋势。1991 年是 10.3%，2001 年下降到 5.1%，与 GDP 中农业 15.2% 的份额非常不对称；① 2001 年通过农业征收相关的税收占国家税收的 18.7%，高出中央财政用于支农比重 13.6 个百分点，上交金额达到 2352.7 亿元，多出财政支农资金 1388 亿元。② 在社会事业方面，中央财政用于农村公共服务等方面的支出也极少，无法与城市相比。2001 年全国 3057 亿元的资金总量中，投向农村义务教育的为 901 亿元，不到 1/3。③ 这种继续强化城市优先发展的战略和公共资源的不平等配置，会造成城乡之间要素的不合理流动，资金投入的不足使得农村与农业的发展长期处于相对滞后的状态，最终导致城乡之间的差距越来越大。二是城乡二元体制问题突出。改革开放以后，阻止城乡发展

---

① 朱诗柱：《统筹城乡发展的关键是逐步统一城乡经济社会体制和政策》，《当代经济研究》2004 年第 6 期。

② 朱诗柱：《统筹城乡发展的关键是逐步统一城乡经济社会体制和政策》，《当代经济研究》2004 年第 6 期。

③ 郭江平：《城乡差距扩大的表现、原因与制度创新》，《中华农业大学学报》2004 年第 3 期。

的一系列体制机制虽然在一定程度上得到了缓解，但是在制度层面上还存在很多问题。其一是城乡之间的税收制度未能体现出真正的公平公正。农村居民用于农业的税收负担相对比较重，而城市居民收入相对较高，并没有承受与之匹配的税收负担。1995 年农民平均收入相当于城镇居民的 40%，仅税款一项，农民人均支付额相当于城镇居民的 9 倍。① 因此，在这种不平等的税收制度条件下，城乡之间的差距越来越大，城乡二元经济结构特征也越来越明显。其二是产权制度方面。改革开放以后，我国为了推动农村经济可以得到长远发展，开始实施家庭联产承包责任制，对我国的土地制度进行了改革，将土地分为所有权与经营权两种形式，这种土地制度的改革有效地促进农村经济的发展，但是，城市的发展远远快于农村的进步，城市的改革也比农村的改革速度要快，城市的国企由传统的股份制转变为现代企业制度，这种转变使得城市的国有企业和非公有制经济快速发展。城市的经济呈现出繁荣的景象，然而农村的经济发展还处于落后的状态，家庭联产承包责任制并没有从根本上解决农民的问题，同时农村不完善的土地产权制度阻碍了农村的进步，农村土地的集体经营与规模投入问题仍然没有得到很好得解决。因此，导致了工业与农业增长的不协调，进而造成城乡之间的差距不断地扩大。其三是在城乡户籍制度方面。在计划经济时期，为了社会的稳定发展，实施户籍制度，将城市与乡村的居民严格地区分开来，自改革开放以后，为了促进城乡之间要素的自由流动，对户籍制度不断地完善，放宽了城乡居民户口的迁移及管理，使农村剩余劳动力转移到城市。但是，我国对户籍制度的改革还处于探索期，并没有真

---

① 杨孝光、廖红丰、刘建明：《统筹城乡制度　促进农民增收》，《新疆财经》2004 年第 5 期。

正实现城乡协调发展，农村的剩余劳动力转移到城市，这些劳动力仍然是农村户籍，并没有享受到和城市一样的福利待遇及相应的社会保障制度。这种人口转移具有不稳定性，由于国家的政策方针并没有对转移到城市生活的农村劳动者给予一定的保障，农村的劳动者进城务工，仅仅是生活环境产生了变化，并没有因为环境的不同而改变本来的身份，这些农村劳动者仍然不能享受到与城市居民同等的劳动报酬、福利待遇以及社会保障等等，这种不平等的现象加剧了城乡之间的矛盾，也进一步强化了城乡二元经济结构的特征，阻碍了城乡之间的和谐发展。其四是在市场体系方面。在计划经济时期，市场的作用微乎其微，所有的权益都掌握在部分人手里，市场的作用无法发挥。进入市场经济后，市场对资源配置的作用不断地扩大，有效推动了经济的发展，但是从整体角度出发，我国城乡市场体系还存在很多的不足，市场的分割问题仍然很严峻，市场资源不合理的配置使得城乡之间的差距越来越大，与此同时，与市场配置的相关法律法规还不健全。在资源配置方面，市场的调节作用没有得到充分的发挥，在这种城乡市场分割的现象严重地阻碍了城乡之间要素的自由流动，甚至影响我国整个社会的经济发展。

随着改革的不断推进，我国的农村发展得到了一定的缓解，但是随着党中央工作重心的转移，城乡关系又一次进入城乡失衡的状态。一方面是城乡之间产业结构发展不平衡。随着我国经济不断地发展进步，城乡之间要素分割的局面逐步被打破，市场在资源配置中的基础性作用的地位也逐渐被接受，初步缓解了城乡要素的自由流动与市场分割的格局。但是，虽然国家的政策方针强调要注重农业农村农民的发展，但是在实施的过程中并没有对农村给予一定的偏向政策，农业的发展仍然处于滞后的状态。目前我国对城市的偏向政策仍然存在，农村农业的发展无法与城市工业相比，农村居民也不能获得与城市居民同等的社会地位以及待遇。在市场经济的条件下，农村并没有从根本上改变其服务的地位，城市的要素很少向农村流动，城市的工业并没有延伸农村的产业链，而城市与工业对农业的剩余价值不断地占有，甚至呈现出恶化的趋势，使得农业的发展自改革开放的初级阶段得到缓解后又进入了滞后阶段。工业与农业之间呈现出严重的不协调状态，农业进入了相对滞后的时期，然而工业进入了快速发展阶段。1985～1994年，我国的工业增长值平均每年增长近13.8%，同期的农业增长值平均年增长仅有3.8%；另一方面是城乡收入分配格局不合理。城乡之间的收入差距不断扩大，虽然在改革开放的初级阶段得到了一定的缓解，但是到20世纪80年代中期我国对农村农业的投入严重不足，最终导致了"三农"问题的出现。城乡居民的收入差距呈现出逐年上升的趋势，1985～2002年，虽然城乡之间的人口开始不断地流动，城市的规模开始慢慢扩大，但是由于我国受到长期的二元户籍制度的影响，农村进城务工的劳动者与城市的居民存在严重的不平等现象，无论是身份地位，还是社会保障与公共服务等方面都存在不公平现象，农村的劳动者不能享受到与城市居民同等的福利待遇，甚至某些城市实施一些具有歧视性的就业政策，农村劳动者不能享有与城市居民同等的工资待遇，等等。在这种条件下，还存在农民工子女上学难等诸多问题。农民工进城务工实质上是给城市带来巨大的贡献，但是不被城市所接纳。

总之，由计划经济体制向市场经济体制转型的过程中，我国的发展战略发生了巨大的调整，城乡分割和相互封闭的格局得到了一定的缓解，城乡的经济社会关系也发生了一定的变化。在推行市场经济体制改革的过程中，长达几十年的农产品统购统销的制度慢慢消失，农产品的价格受到了市场机制的影响，实现了市场定价，与此同时也慢慢地开放了其他的农产品市场，农产品的价格随着市场经济体制的改革得到了一定的调整，有效地促进了城乡之间经济的发展。但是由于我国受到城市偏向政策的影响，同时体制机制的不健全阻碍了城乡之间要素的流动，城市与农村的发展截然不同，导致了城乡关系再一次失衡。

第三节　新世纪初期城乡二元经济结构调整阶段

自党的十六大以来，在科学发展观的指导下，我国先后提出了统筹城乡、城乡一体化以及城乡融合的发展战略，并加大了以城带乡、城市反哺农村的新阶段，逐渐破除城乡二元结构，城乡关系开始进入协调发展的新阶段。

一　城乡关系的调整（2003～2006 年）

进入 21 世纪以后，虽然我国经济快速发展，但是农业农村农民问题阻碍了我国经济的发展和社会稳定。因此，在党的十六届三中全会上我国提出将农业农村农民问题作为党中央工作的重中之重，把更多的精力投到解决"三农"问题上，同时从经济社会发展的全局来统筹城乡发展。2004 年党在十六届四中全会上提出"两个趋势"的重要思想。在社会主义制度的指导下，我国对城乡关系进行调整，采取一系列方针政策，扎实推进新农村的建设，利用城市的工业带动农村农业实现现代化，为 21 世纪城乡关系的转变提供了强有力的政治保障。

　　党的十六大以来，我国城乡关系迎来了良好的发展趋势，主要原因首先在于战略思想的重大调整。进入 21 世纪，面对我国农业发展相对滞后，农民的负担很重，农村的基础设施和公共服务不完善，城乡之间的差距问题越来越突出，为了促进农村农业的发展，我国逐渐形成了统筹城乡发展的思路。其次是一系列重大措施的贯彻落实。从 2006 年开始我国决定取消农业税，这标志着我国与农民之间的传统分配关系的重大转变。同时我国加大了财政支农的力度，对农民进行政策补贴，如粮食直补、农机购置补贴等各种补贴政策，加大对农村居民的扶持力度。与此同时，我国对农村居民实施合作医疗，为农民提供免费的义务教育和最低生活保障，切实将政策惠及给每一位居民。与此同时，国家大力推动社会主义新农村建设工作，加强农村的基础设施，开展多种形式的社会活动，完善农村的基本公共服务，让农村的居民可以享受到与城市居民同等的社会待遇。这些政策的实施有助于促进城乡之间的协调发展。最后是完善城乡发展的体制机制。我国统筹城乡的体制机制还不够完善，这种不完善的体制机制阻碍了城乡之间的协调发展，农民向城市转移的政策放开，社会环境逐渐转好，城乡的二元户籍制度也得到了相应的调整。

　　城乡关系的转变主要体现在三个方面，一是从城乡经济关系的角度出发，由不协调向互动方向转变，随着我国的"三农"问题和城乡差距的扩大，我国的宏观政策发生了转变，即城市偏向政策逐渐得到缓解，更加注重农村农业农民的发展。通过发展战略的转变，农村不在处于服务的地位，农村的资源也不再只是单向的流入城市。受到市场机制的调节，城市与乡村之间的要素开始互动，城乡的工业开始向农村的产业延伸，有效促进了农村经济的增长，城乡之间的交流也开始变得频繁，小农形式的经营开始慢慢地消失，逐步转为具有现代化大规模的农业经营模式，特色乡村也逐渐发展起来，具有特色的新型农村第三产业也开始出现，城市的产业链条也渐渐地向农村延伸，城市与乡村的经济呈现出互补的特征。二是从城乡公共服务的角度出发，城乡差距逐步缩小。自党的十六大以来，党中央对财政支出政策进行了合理的调整，中央财政不再全力支持城市经济的发展，而是加大了对农村的支持力度，包括农村的基础设施、公共服务等，在某种程度上缓解了城乡二元经济结构的特征，缩小了城乡之间的差距。目前我国的义务教育、新型农村合作医疗制度与最低生活保障制度等在全国农村开展。农村的养老保险制度也在部分有条件的地区进行探索。三是从城乡收入差距的角度出发，随着统筹城乡发展以及农村现代化的实施，我国城市与乡村居民之间的收入差别有了很大的改善。虽然城乡收入仍然存在着很大的差距，但是近几年有缩小的趋势。完善城乡的体制机制，促进城乡之间的协调发展，并为新时期城乡一体化的实现奠定了一定的基础。

二 统筹城乡发展（2006～2011年）

党的十七大进一步提出以工促农、以城带乡的长效机制，形成了城乡一体化的新格局；党的十七届三中全会又指出，到2020年城乡经济社会发展一体化体制机制基本建立。党的一系列战略思想通过中央一号文件进一步落实。虽然每年的侧重点有所不同，但是党中央的政策方针连续八年都重点关注农村与农业方面，全面贯彻实施统筹城乡发展战略，成都和重庆成为我国统筹城乡综合配套改革的试点地区，农村土地制度得到了完善，同时农村的基础设施与公共服务得到了相对均衡的发展，户籍制度的改革也有效促进了城乡之间要素的自由流动。各地区都全力推进城乡一体化改革，实现基础设施和公共服务一体化、城乡劳动就业一体化、城乡社会管理一体化等。

在统筹城乡发展方面，国家提出继续推进社会主义新农村建设，经济方面，我们首先解决农民最关心的收入问题，建立农村居民增收的长效机制，整体提高农村居民的收入；政治方面，引导农村居民学习法律，学会运用法律保护自己的合法权益，同时加强农村基层的民主制度，提高农村的法制建设；文化方面，注重农村文化载体的保护，开展各种形式的具有乡村特色的文化活动；社会方面，提高教育、医疗卫生以及社会保障等方面的建设工作，使农村居民可以享受到与城市居民同等的福利待遇。随着城镇化步伐的不断加快，农村居民开始自主地向城市转移，城镇人口的比重开始逐年上升。中央实施工业反哺农业，城市支持农村的政策。自党的十六大以来，虽然我国实施了一系列惠农举措，但是城乡二元经济结构并没有得到彻底的改变，城乡关系的改善并不是在短时间内完成的，城乡一体化是一种渐进的过程。城乡一体化是将城市和农村的发展有机地结合起来，统一协调，全面发展。2006年我国实施农村义务教育经费保障机制，这一改革不仅仅减轻了农村居民家庭子女接受义务教育的各种经济负担，同时也破除了长期制约普及农村义务教育的经费瓶颈，农村义务教育制度的创新之处在于将农村义务教育全面纳入公共财政的保障范围，同时建立了中央和地方的分项目，实施按比例分担机制，对农村义务教育实行经费由省级统筹，管理则是以县级为主的体制机制。2007年政府开始全面建立农村最低生活保障制度，对于达到贫困标准的居民给予一定的补助和生活费用补贴。中央一号文件也明确指出，要在全国范围内建立农村最低生活保障制度，让广大贫困群众切切实实地体会到政策带来的好处。
2009 年政府为了保障农村居民年老时的基本生活，开展了新型农村社会养老保险制度。新型农村社会养老保险的原则是从农村的实际出发，由个人、集体和政府合理分担责任，权利与义务相对应的原则，目标是到 2020 年基本实现对农村适龄居民的全面覆盖。

总之，工业的发展促进了农业现代化的实现，城市经济的发展通过辐射作用带动了农村经济的繁荣，促使我国城乡之间的关系进入了一个崭新的阶段。虽然城乡关系在一定程度上得到了缓解，但是城乡的不协调发展仍在继续，我国农业的基础地位有待巩固，城乡之间的差距问题没有得到根本的解决，农业的现代化与城镇化、工业化的发展不同步，严重阻碍了城乡的协调发展，实现城乡一体化的目标仍然任重道远。

第四节　党的十八大以来城乡融合的发展阶段

在统筹城乡发展战略的指引下，虽然我国城乡二元结构特征得到了明显的改善，城乡之间的差距明显的缩小，但仅仅体现在量变上，并没有形成城乡融合的体制机制，农村与城市相比较仍然处于弱势的地位。自党的十八大以来，我国形成了具有中国特色的新型城乡关系。在城乡一体化的战略下，农村与农业走上了长远的发展道路，我国的城乡关系发生了巨大了变化。在统筹城乡到城乡一体化的发展过程中我国取得了一系列成果，使得城乡关系进入了一个崭新的城乡融合阶段，通过城乡要素、区域以及生活方式的相互融合促进了城乡的发展。

一 推动城乡一体化（2012～2017年）

2012年中共十八大报告中提出要加快完善城乡关系发展过程中的体制机制，尤其是要推进城乡之间公共服务、基础设施等方面均衡发展，促进城乡之间要素进行自由平等的流动，将城乡的公共资源进行均衡配置，构建一种良好健康的新型城乡关系。在统筹城乡发展的过程中，我国对农村的发展比较重视，将农村的发展与城市的发展看作同等的重要。党在十八届三中全会上强调，在统筹城乡发展阶段要全力打破城乡二元结构，实现城乡发展的一体化。因此，出台了一系列方针政策，有效缓解了城乡二元结构造成的城乡之间的差距。在城乡关系方面，从统筹城乡到城乡一体化再到城乡融合，是一种层层递进的城乡关系。统筹城乡的思想主要有三个方面，一是增强农业的基础地位，通过推进农业的产业化经营开拓农村的市场；二是促进农村人口向城市流动，提高我国城镇化水平的同时提高农业的现代化水平和农民的生活质量；三是加大财政支农的力度，通过政策的调整实现协调的城乡关系。统筹城乡发展是对城乡关系进行初步的调整，虽然在党的十七大报告中坚持统筹城乡发展，继续推进社会主义新农村建设，但也同时提出了要走具有中国特色农业现代化发展的道路，构建一种城市带动乡村，工业带动农业发展的长效机制，促进城乡的经济社会和谐发展。在党的十八大工作报告中，指出实现城乡一体化首先要解决"三农"问题，最终促进城市与乡村的共同繁荣，统筹城乡和城乡一体化经过多年的完善。

2013年中央一号文件提出了家庭农场的概念，家庭农场的出现有助于促进农村农业经济的发展，同时推动农业商品化的进程。家庭农场以追求效益的最大化为主要目的，改变传统农业的经营生产方式，能够克服自给自足的小农经济缺陷，由保障功能逐渐转向盈利功能，使农产品商品化程度逐步提高，为社会提供更为丰富的农产品。家庭农场更加注重农产品的质量，也更有利于政府的监管。在注重农村发展的同时，2014年中央一号文件确定坚决破除体制机制的弊端，加快推进我国的农业现代化的发展，优化农村农业生产布局，促进农村特色产业向优势区域聚集，形成一套科学合理的现代化农业产业体系。2015年中央一号文件明确提出增强改革与创新的力度，加快实现农业现代化的步伐，加快高标准的农田建设，提高农机化装备水平，强化项目支撑能力，强化人才支撑体系，加快新品种新技术的推广与应用，健全社会化服务体系，提高农产品质量安全，加强对农业生态环境的保护，深化农村改革，等等。2016年中央一号文件强调要发展新的理念来破除"三农"的问题，同时提出推进农村供给侧结构性改革。在供给侧结构性改革的过程中，要注重围绕国家的宏观调控，转变农业的发展观念。通过化肥与农药这种仅追求产量的生产方式已经不符合现在的趋势，农民必须改善供给结构才可以对农产品进行供给侧改革，才能满足消费者的需求，提升经济效益。

二 融合发展新时代（2017年至今）

在城乡关系发展的过程中，我国始终坚持工业与农业之间协调发展，实现城乡的共同繁荣，全面融合，构建一种良好健康的城乡关系，建立健全的城乡融合发展体制机制以及政策体系，大力推进我国农业的现代化。2017年党的十九大报告中提出实施乡村振兴战略下实现城乡融合发展的新理念，这也是对以往城乡关系发展战略的一大调整，标志着我国的城乡关系进入了新时代。

2017 年中央提出要全面深化农村的供给侧结构性改革，加强对农业农村农民的关注度，尤其是留守在农村的老人与小孩；2018 年中央提出要进一步完善在农村工作的领导干部的体制机制；2019 年中央一号文件提出要坚持农业农村优先发展战略，继续做好"三农"问题的相关工作。在党的十九大报告中提出建立健全的城乡融合发展体制机制，促进城乡之间的相互融合发展，互为发展的条件。城乡融合主要包括几个方面：其一是城市要素与农村要素之间的融合，既包括劳动力与土地的融合，也包括资源与公共服务的融合，在利益趋同的条件下，城乡要素双向自由流动，农村要素向城市流动，城市要素向农村辐射；其二是区域的融合，城市与乡村之间不存在明显的划分，各自实现其特有的功能，相互影响、相互制约，互补发展；其三是生活方式的融合，在基础设施和公共服务，以及医疗保障等各个方面实现城市与乡村的平等。随着农业的现代化，电商覆盖范围越来越大，使得城市与乡村通过各自的特点互补发展，这种互补发展大大提高了城乡居民的生活质量。

全面深化改革实现发展一体化的城乡融合阶段，首先重塑城乡关系，坚持走城乡融合的发展道路。党的十九大工作报告中提出要实现城市与乡村之间的全面融合，同时建立健全的城乡融合体制机制。在全面深化改革时期，党中央始终重视"三农"问题，将农村农业农民的问题作为工作的重点，大力推进农村改革与制度的创新，将完善城乡一体化发展的体制机制作为城乡关系发展的主要手段。党的十八大强调要在城乡规划、基础设施建设和公共服务等各个方面全面实现城乡融合发展。在党的十八届三中全会中主要强调了要加快农村的发展，构建新型的农业经营模式，给予农民更多的权利实现农业现代化，推进城乡要素的双向自由流动，实现公共资源的合理配置并且完善新型城镇化建设。在此后的工作中，党中央不断加强关于城乡融合发展体制机制的部署工作，不仅仅对城乡的公共资源进行合理配置，同时还对政治、文化、社会、生态等多个方面进行了全面的完善。最后是实施乡村振兴战略。在我国城乡关系发展的过程中，农业与农村问题一直是短板，要想实现城乡融合，就必须注重农业与农村的长远发展问题，加快农村实现农业的现代化发展。因此，提出要加快农村的战略部署，并强调把解决好"三农"问题作为工作的重点。加快完善城乡之间的公共服务、基础设施等各个方面公共资源的均衡配置，同时通过引用城市的先进技术来完成农村农业的现代化，加强农村的现代化建设，构建具有中国特色的社会主义城乡融合发展道路，最终实现城乡之间的协调发展。

第四章　发达国家城乡关系
发展及其经验借鉴

　　发达国家已经先后完成了城市化进程，步入了城乡一体化的发展阶段。从历史的角度出发，城乡关系都由城乡分离开始，马克思在《德意志意识形态》中提到，"物质劳动和精神劳动的最大的一次分工，就是城市和乡村的分离，城乡之间的对立是随着野蛮向文明过渡、部落制度向国家过渡、地方局限性向民族过渡开始的，它贯穿着全部文明的历史并一直延续到现在"，[①] 他认为城乡分离是因为社会分工的出现。在工业革命以前，城乡处于相互依存的状态，各自在其领域中发挥着政治与经济的功能，而工业革命的到来，使得人口与工业在一定的条件下聚集一起，开启了现代城市化的序幕，随着工业化的发展，工业和农业逐渐分离，城市的经济功能凸显出来，以机器大生产为主的工业与以小农经济为主的农业，他们的生产方式和效率出现明显的差异，从而影响了城乡生产者的收入差异，出现了城市与乡村的分离。由此，工业革命的到来首先促进了西方发达国家城乡关系的发展，

---

① 《马克思恩格斯文集》（第 1 卷），人民出版社，2009：56。

因此西方发达国家在处理城乡关系之间的矛盾时，积累了很多的经验，为我国如何处理城乡关系提供了一定的借鉴。

第一节 发达国家城乡关系的发展

城乡关系发展不协调是世界各个国家必然经历的过程，发达国家的工业发展相对较快，城市化起步较早，其城乡关系在发展过程中也遇到了很多的矛盾问题，经过数年的探索与实践，最终实现了城市与乡村的有机结合，城市与乡村协调地发展起来。因此，发达国家在如何缩小城乡之间的差距方面积累了大量的经验。本章主要通过分析美国、德国与日本等发达国家城乡关系的发展，学习实现城乡协调发展的经验，为我国城乡关系的协调起到一定的借鉴。

一 美国城乡一体化发展

在发达国家城镇化进程中的初级阶段，城乡之间的差距逐渐扩大。直到城镇化与工业化发展的中期，为了促进城市工业的进一步发展，解决由于过大的城乡差距造成的社会不稳定问题，西方发达国家决定采取相应的措施来破解城乡之间的差距，通过利用政府与市场的双重机制作用来缓解城乡之间的差距问题，促进城乡的协调发展。1775～1783年，为了对抗英国的经济政策，美国掀起了的独立战争，1861～1865年发生南美战争，这场战争扫除了资本主义发展过程中的外部障碍与内部障碍，为美国的资本主义的工业发展提供了良好的条件。随着工业革命的发展，美国的工商业开始快速发展，美国的农村人口开始流入城市，城市人口不断增加。

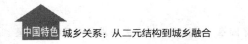

（一）美国初期的城乡关系

美国历史学家约翰·卡里这样说过："美国诞生于农村，移居在城市。"[①] 在美国工业化的初期，经济社会的发展还处于相对不平衡的状态，城乡之间的差距呈现出扩大的趋势，城乡之间的对立与矛盾不断地加剧。随着资本主义城镇化与工业化的不断发展，美国政府也采取了相应政策解决城乡之间的差距问题，提出保护农业的相关措施。

在工业化与城镇化的初期阶段，美国的城乡关系处于对立的矛盾状态。虽然社会生产力提高促进了社会财富的增加，但是也同时带来了巨大的贫富差距，造成了城乡对立的一系列矛盾问题。1851～1860年，这几年间美国的人均收入增加了大约50%，但是美国的那种社会环境，使得南方地区的贫苦农民，从非洲贩卖过来的黑奴以及大多数的低工资的工人并没有享受到社会发展带来的成果，他们的生活状态并没有得到改善。到19世纪70年代，美国发生了前所未有农业危机，农民的生活十分艰难，为了缓解城乡的对立现象，联邦政府开始全力推进农业及农村的发展，并通过完善的法律制度保障农村基本的合法权益。虽然这一阶段美国的农业得到了发展，农民的收入也有所提高，但是由于用于农业生产的各种成本不断地增加，又具有较高的负债成本，最终使得大多数的小农场主沦为农业的雇佣工人。1900年，美国的农业工人总数达到了200万人，随着农村农业无产阶级人数的大量增加，农村的经济状况不断地恶化，农民不得不开始进行抗

---

① 刘绪贻、杨生茂主编《美国通史（第4卷）》，人民出版社，2008：181。

议活动。[1]

（二）美国中期的城乡关系

随着美国工业化的快速发展，吸引了更多的农村劳动者进入城市，使得整个社会的发展都以城市为中心。20世纪30年代初，资本主义世界经济危机的到来严重影响了美国的农产品价格，使得农产品的价格直线下降，农业的净收入也随之下降，大量的农民面临破产，造成人们生活水平持续下降。德国的著名作家卢特威对当时的状况这样描述："美国农业人口，约占全国的1/4，亦言之，有3000万人，蔽衣粝食，无力付债息，更无购买的力量。"[2] 受资本主义世界经济危机的影响，美国的经济进入了萧条的阶段，促使城乡的经济、社会进入了更深层次的矛盾，同时生态环境的污染也越来越严重，产业增长几乎为零，致使美国的城市化危机与农业危机越来越严重。在城乡收入方面，美国进入城镇化中期阶段之后，城乡居民的收入差距越来越大，城乡关系经历了较长的演变过程。在这个漫长的过程中，美国的城市与乡村的收入差距首先是逐步的扩大，然后又渐渐地缩小。美国农村发展的初始阶段，即20世纪30年代之前，美国主要以农业为主，农业是其最主要的经济部门，城市人口比例逐年下降，农业农村在美国经济发展中占据主导地位。[3] 1860年美国的总人口数是3144万人，其中农村人口占80%以上，农业的劳动力成为主要力

---

① 宋宏远：《调整城乡关系：国际经验及其启示》，《经济社会体制比较》2004年第3期。

② 卢特威：《罗斯福传》，黄嘉历译，上海西风社发行，1941：155。

③ 潘启龙：《美国农村阶段发展及对中国乡村振兴的启示》，《世界农业》2021年第9期。

量。① 在 20 世纪 30 年代美国经济经历了大萧条时期，1936 年通过颁布《农村电气化法》，完善了农村的电气化设施，同时极大提升了农业的生产条件，加速了农村的发展。② 20 世纪 70 年代虽然美国的人均收入不断得到提高，但是农业人口与非农业人口之间的收入差距也增长得很快，这样呈现出城乡之间收入的差距越来越大；在农村社会发展方面，伴随农村人口不断地向城市流入，造成城市人口与规模的扩大，而农村的经济社会进入了空前的萧条阶段，但是美国的国会与联邦政府对于农村的这种现状并没有进行科学的调整。美国农村的社会发展需要的资金来源主要依靠州和地方政府的支持。由于各州与地方财政也处于困难时期，因此，美国在初级阶段农村的各种公共服务投入上出现严重的不足，使得农民的生活条件无法与城市相比，农民生活条件极其恶劣。③

美国在 20 世纪 20 年代爆发了第二次农业危机，与第一次农业危机相比较，这场危机更为严重，因为它与当时的工业危机一同发生，源于为了发展工业面对农业过度剥削，垄断组织对农业生产资料进行占有和掠夺。根据美国农业部门的相关调查，在工业危机与农业危机并存的时期，农场主在出售农产品时，仅能获得一半的收益，甚至一些小的农户在出售农产品时只能获得微乎其微的收益。在这种危机下，很多农场主不得不破产。另外，农业的雇工受到机器化大生产的排挤，不得不进入大城市务工。美国这个时期的地租与地价由于受到工业危机与农业危机的影响而

---

① 曹峰、吴进进、邵东珂：《美国农业福利政策的演变（1862－2000）》，《美国研究》2015 年第 2 期。

② 窦亚权、李娅、张晓梅：《乡村振兴战略：政策梳理、经验借鉴与实施理念》，《沿海企业与科技》2020 年第 5 期。

③ 潘启龙：《美国农村阶段发展及对中国乡村振兴的启示》，《世界农业》2021 年第 9 期。

上涨,其价格上涨也给农民带来了巨大的压力。这一时期的农场主依靠土地获得收益,而地价和地租价格的不断上涨使得农场主无法承受。面对这种危机,不少农场主通过向金融机构贷款寻求资金支持来维持农业生产,但是巨大的债务也给农场主带来很大的困难。在这种长期生产过剩、价格不断下跌,与此同时承受着巨大财务负担的情况下,农民很难积极地投到农业当中,致使美国的农业发展面临严重困境。20世纪30年代,美国的经济发展严重滞后,因此城市的人口增长速度相对缓慢,城市的居民生活条件越来越差,公共卫生环境也很恶劣,城市的失业率不断上升,使得社会环境十分不稳定,出现许多犯罪、诈骗等问题。随着一系列问题的出现,美国城市居民最迫切想要解决的是生活条件的改变,因此,美国的一部分公民为了摆脱恶劣的居住环境,开始转移到郊区生活,致使城市相对优秀的资源流到郊区,整个社会的发展进入了困难时期。在20世纪60年代到70年代的初期,美国爆发了很多城市危机。随着美国郊区化的不断推进,农村的生态环境出现了严重的问题。城市郊区的无秩序的发展,占用了农村大片的绿地与良田,甚至是森林空气污染越来越严重。美国研究环境的学者亚当·罗姆对第二次世界大战之后的美国农村生活环境的破坏这样描述:"美国被推土机夷平用于城市开发的土地大致相当于罗德岛的面积。森林、湿地、溪流、山丘、农田和果园全部遭到破坏,以便建造住宅小区。"① 这种发展模式,使得美国的农村环境遭到了侵犯,同时美国的生态环境遭到了破坏,因此,美国的民众开始强烈的反抗。20世纪60年代的中期,民众在郊区发起了多次反抗活动,要求停止无秩序的土地破坏与

---

① 亚当·罗姆:《乡村里的推土机——郊区住宅开发与美国环保主义的兴起》,高国荣译,中国环境科学出版社,2011:8。

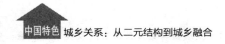

占用。

美国政府为了维护资产阶级的统治而采取了系列措施，例如，通过法律等手段来减少农产品过剩的问题，通过提高农民的收入来有效地保护农民最根本的利益，缩小了城乡之间的差距。在此基础上，美国开始大力发展农村的交通、水电等，提高农村的基本设施与公共服务，同时完善农村的教育、医疗和卫生，综合改善农民的生活环境与社会环境。建立健全的社会保障制度，从而缩小城乡之间的差距，使城乡关系协调发展。美国政府通过以下几个方面来缓解城乡之间存在的矛盾。

第一是制定关于城乡规划的法律法规。美国早期阶段相对比较著名的法规是1916年的《区划条例》，这个法令是美国历史上第一个具有法律意义的地方规定，这个法令对美国当时的土地用途、容积率甚至是建筑物的高度都做出了明确的规定。美国政府为了将城乡规划覆盖得更广，在1924年颁布了《标准分区规划授权法案》，在1928又颁布了《标准城市规划授权法案》，[①] 这两个法案的提出为美国城乡规划奠定了基础。20世纪20年代到30年代初期，美国的大部分地区都制定了自己的区域规划方案。在罗斯福"新政"期间，联邦政府通过设立专项基金为各个州与地方政府建立了规划部门，[②] 这也是联邦政府第一次介入州与地方的规划任务。美国的城乡规划涉及得比较广，在制定过程中充分考虑了各个州的实际情况，根据各自的特点进行规划。城乡规划涉及各个方面，包括用地、住房、经济的发展与自然资源

----

① 施卫良、杨浚：《刚性管控"打底" 弹性留白"框量"——北京市国土空间分区规划解析》，《资源导刊》2020年第1期。

② Rowley, Thomas D., David Freshwater. "Ready or Not? The Rural South and Its Work-force." *Economic Change*, No. 32（1999）：2 – 31.

的保护，还包括基础设施与公共服务等，甚至包括交通、能源、空气质量、林地保护等多个方面。对于一些特殊的地方，地理位置具有临近的特点，城乡规划中还指定了区域规划。美国在制定城乡规划的过程中比较注重民众的参与，所有公民有权参与城乡规划的编制，并通过听证会提出自己的意见，而且没有经过听证会的法案不具有法律效力，同时美国建立了较为完善的城乡规划调控与监督体系。美国政府为了更好地实施城乡规划方案，联邦政府设立基金项目，通过法律法规进行控制和监督。美国制定了完善的法律体系来保障城乡规划的顺利进行。经过长期的实践，美国居民的生活环境得到了明显的改善。但是城乡规划有些过于偏向于城市的更新与规划，导致了巨大的贫富差距，出现了社会的两极分化，遭到了社会各界的批判。到了20世纪70年代以后，美国的城乡规划进入了成熟阶段，更加注重对公民的关怀，重视公民的参与和社区的建设，将城市的社会经济发展与物质建设相结合，切实提高公民的生活质量，保障每一位居民都可以享受到社会发展的成果。

第二是促进农村的经济发展。农业是国民经济的基础，美国的基本国策是支持农业的生产与发展。美国经历内战的洗礼，随着城镇化与工业化的飞速发展，农业在整个经济社会发展的过程中所占的比例越来越小。美国农业受到自然环境、资金、技术以及市场价格等因素的制约，其发展受到了严重的阻碍。一方面是因为美国多次发生农业危机，甚至是农业与工业的双重危机，造成大量的农场倒闭，从事农业生产的农民处于不稳定的生活状态。为了促进国民经济的发展，同时满足工业化与城镇化发展的要求，美国提出支农护农政策。其政策主要注重提高农业的生产效率，从增加和稳定农业收入，增进社会福利和农村发展三个方面的展开。① 美国为了提高农业的生产效率，积极推广家庭农场和农业合作社，将农业生产进行规模化经营。1933 年美国通过农业法对农业进行调整，并通过采取一系列补贴措施鼓励农产品的出口，以保障农场主获得最大的利益，促进农村经济的发展。

经过多年的努力，美国形成了相对完整的农业补贴体系。2005 年美国政府对农业的补贴金额达到 250 亿美元，在这种巨额的农业补贴下，有效缓解了美国内部农产品过剩的现象，帮助农业生产者避开了自然环境的改变与市场变化带来的风险，提高了农业生产者的抗风险能力，增强了农业生产者对农业生产的积极性。2014 年，经过立法研讨，由于对农业生产者的直接补贴存在很大的争议，② 美国取消了对农业的直接补贴项目，通过相对隐蔽的方式向农业生产者提供仅需要较低的保险费用就可以获得农作物的保险。因此，美国的农业保险为农民提供了有力的保障。农业部风险管理局主要通过生产者自愿参与的方式，对农业进行风险管理，而联邦政府为参保的农业生产者提供资金方面的支持，私人的商业保险公司为其提供相应的服务。2011 年美国的农业保险补贴达 68 亿美元。③

美国除了对农业生产者提供良好的农业保险外，对农业财税信贷也提供了很大的支持。美国政府对农村的转移支付行为提供支持，这促进了农村经济的发展，2001 年，美国政府农村转移支付占农村人均收入的 16.96%，比城市转移支付多了 3.38 个百分点。④ 同时，美国改革了传统的农业税收制度与信贷制度，以确

① 徐更生：《美国农业政策》，中国人民大学出版社，1991：8。
② 冯继康：《美国农业补贴政策：历史演变与发展走势》，《中国农村经济》2007 年第 3 期。
③ 张囝囡：《美国农业保险制度演进研究》，博士学位论文，辽宁大学，2011。
④ 索南加措：《美国家庭农场简介》，《柴达木开发研究》2006 年第 4 期。

保农业生产的资金充足，为农业的长远发展提供了基础性保障。美国重视农业发展的同时，也重视农业的科技进步，建立了农业科研合作体制，这个农业科研体制是一个主要由联邦政府、州政府和私人企业一起举办的三级农业科研机构。美国的农业科研经费投入体系具有多元化的特点。联邦政府对农业的教育以及科研推广的经费投入比例一直比较稳定，约占农业部总预算的 2% ～ 4%。① 美国将科技、教育以及推广有机结合，促进了农村农业的长远发展，通过农业的科学技术有效提高了农业的生产效率，同时提高了农业的经济发展水平。根据美国农业经济研究局的分析得知："在农业科研方面每投入 1 美元，可在生产上收益 30 至 50 美元"。② 美国农业科技的进步实现了农业的现代化，有效提高了农业发展水平，同时也增强了美国农业现代化的国际竞争力。

美国政府同样重视美国的基础设施建设，主要通过联邦、州以及县的三级财政管理体制。联邦的财政资金主要用于国家的战略部署以及一些大型项目的基础设施建设方面，州与县的财政资金主要用于各自州县的小型项目建设，若是涉及州与县的利益的大型建设项目，就需要联邦政府与州县共同参与。在不同的阶段，美国的重点发展项目也存在不同，在美国西部开发的早期阶段，主要发展交通、通信、铁路以及电话网络等，形成一种可以覆盖全国的交通网络。美国通过颁布法律法规建立管理局，积极地推广农村的电气化，改善农村的生活环境。20 世纪 50 年代中期，美国颁布了《联邦资助公路法案》来有效促进城乡之间的交

---

① 王安国辉、陈建全：《中美农业科技投入与科技体制比较》，《世界农业》2003 年第 11 期。
② 申茂向等编《中国农村科技创新与发展》，社会科学文献出版社，2012（418）。

流，激发经济的稳步增长。① 在之后的 40 年里，美国基础建设的工作重心主要在公路的建设与维护方面。进入 21 世纪以后，美国政府成立基金项目，主要用于农村教育、医疗卫生以及能源等基础设施，基金项目的主要目的是完善农村的生活保障，提高农村人口的生活质量，增加农村人口的就业机会等。

在城乡基本公共服务建设方面，美国较好地实现了公共服务均等化。在工业化与城镇化的早期阶段，由于资金与物质财富相对比较缺乏，政府能够提供的公共服务极其有限，仅仅是处于维护性的层面，以确保一切正常运行。随着美国经济发展水平的不断提高，政府也开始注重公共服务的建设工作，美国政府用于教育、医疗、卫生以及社会保障等方面的财政支出逐渐提高，1971年超过了 40%，到 2002 年则超过了 65%。② 为了更好地提高农村的教育水平，美国相继颁布了《莫里尔法案》和《史密斯—休斯法案》等一系列与农村教育相关的十部法案，有效地加快了美国农民的技术水平，促进了农村职业教育的发展，提高了农民的整体素质。美国始终坚持公共服务均等化的供给原则，确保每一位公民都可以享受基本的公共医疗、养老保险与住房等基本的社会保障服务，所有与公共服务相关的项目都有相应的法律保障，修改或者调整公共服务的供给都应该先修改与之对应的法律法规。美国的农业服务供给方与生产方是分离的，美国政府只负责保证有效实现公共服务，其公共服务的生产方是由地方政府通过市场化的形式组织起来的，因此要正确处理好政府与市场的关系，才能实现公共服务的均等化。美国的基本公共服务经历了从低级到

---

① 纪伟昕：《借鉴美国经验积极推动我国西部大开发（上）》，《理论前沿》2000 年第 9 期。

② 李锐：《美国联邦个人所得税制度演进历程及内在精神的启示》，《国际问题》2013 年第 1 期。

高级，从失衡到均衡的发展过程。

在城乡社会保障方面，早期阶段，美国有限的社会救济由政府和慈善组织来提供。随着城镇化与工业化的快速发展，工人失业与养老等一系列问题层出不穷，1935年美国政府为了保障公民的利益，出台了《社会保障法》来解决养老与就业的问题，成立了全国性的社会保障计划。由于管理等方面原因，社会保障法并没有涉及从事农业的工人与农场主，仅涉及了所有65岁以上的从事商业与工业的工人，在1939年与1950年才分别将从事农业的工人和家庭雇工纳入社会保障法的范围内。[1] 经过数十年的发展，美国具备了相对比较完善的城乡统一的社会保障体系，并有效促进了城乡之间要素的双向流动。

在城乡生态环境方面，美国联邦制政府颁布了一系列环境政策的法律法规，来控制城乡生态环境的污染速度。最具有影响力的是1969年出台的《国家环境政策法案》，[2] 这个环境法案通过采用各种手段来维持人与自然的和谐发展，将环境的影响因子加入传统的规划与决策活动中。首先是制定环境影响报告制度，并明确指出所有申请联邦基金的项目，都要先进行环境影响评估，只有通过各部门同意后才能得到批准；其次是成立环境质量委员会，并成立专项联邦基金，用以保障和完善环境法案。美国的环境污染控制最先从治理污水开始，逐步扩展到大气与土壤等其他领域。20世纪50年代中期，各州在美国国会的支持下共同治理了环境污染问题。到20世纪60年代，美国先后出台了一系列污染控制的法律法规来保护人们的生活环境。1997年美国的电力公

---

① 吴晓天：《美国〈社会保障法〉的历史探析》，《学海》2003年第3期。
② 田耀、段昊翔：《美国环保政策法规的发展历程》，《全球科技经济瞭望》2014年第3期。

司未遵循相关的法律规定，排放了大量的污染环境的气体与固体，造成了酸雨，污染了居民的生活环境，被处罚 46 亿美元。[①]因此，只有具备相对比较完善的严格的环境控制立法，才能有效保障城乡居民的生态环境。

美国在治理污染的过程中，始终强调综合治理原则。农村的点源污染具有明显的排污口，治理方法相对比较简单，而农村的面源污染涉及相对广泛，治理难度也比较大。美国环保局通过运用农村点源污染与面源污染的综合治理方法来减少农村的污染，保护农村的环境，同时利用科技与教育的方法，引导农民从自身做起保护生态环境，改变原有的不良生活习惯与生产方式，最终保护环境资源。从 20 世纪 30 年代开始，美国的农业部颁布了一系列农业污染治理计划，这些计划有效缓解了农村的点源污染与面源污染。[②]

随着经济的快速发展以及相关制度的不断完善，美国的城乡差距逐步缩小，2008 年美国农场经营者平均家庭总收入为 79796 美元，其中农场收入为 9764 美元，占到家庭总收入的 12%。[③] 而 2014 年美国农场家庭平均总收入为 131754 美元，其中农场收入是 28687 美元，占到家庭总收入的 22%。[④] 由此可知，美国农场家庭的经济呈现出明显的改善。但是这种城乡之间差距的缩小并没有破除社会中两极分化的问题，反而使得社会的贫富差距越来越大。由于外来人口的不断加入，美国大城市人口逐渐增多，城

---

① 吴兆玉：《美国 46 亿环保罚单的警示》，《金融经济》2007 年第 23 期。
② 田耀、段昊翔：《美国环保政策法规的发展历程》，《全球科技经济瞭望》2014 年第 3 期。
③ 卫荣、高忠敏、王秀东：《美国农场规模、收入及对我国的启示》，《中国食物与营养》2016 年第 4 期。
④ 卫荣、高忠敏，王秀东：《美国农场规模、收入及对我国的启示》，《中国食物与营养》，2016 年第 4 期。

市中心的环境污染也越来越严重，因此，相对富裕的工商巨头迁居到郊区，而相对贫穷的普通市民与非熟练工人等低阶层不得不留在市中心居住，形成了一种城市人口郊区化的势态。

二 德国城乡等值的发展

历史上的德国是一个相对封建落后的国家，大小邦国逐步形成了各自的经济中心，使得资本主义经济初步发展。经过多年战争的洗礼，1871年普鲁士王国终于结束了德国长期处于封建割据的局面，这次战争使得普鲁士王国真正完成了德意志的统一，取代了法国在欧洲大陆的霸权地位，与此同时也促进了意大利的统一。统一后的德国资本主义经济的发展非常迅速，只用了五十多年的时间就完成了工业化，同时实现了由传统农业向现代农业的转换，德国的城市化与美国有所不同，城市化的起步相对较晚，启动也相对比较迟缓，但是其速度非常快，水平相对较高，1910年德国就完成了城市化建设。与其他发达国家一样，德国同样经历了城乡的对立、城乡协调最后到城乡均衡发展的特征。

（一）德国早期的城乡关系

在19世纪以前，德国的农村人口占有绝大部分的比例，农业在国民经济中占有主要的地位，德国主要以农业和农民为主，城市的发展相对比较缓慢。1939年，德意志地区的所有人口大约达到1000万，其中90%的是农村人口。[①] 在德国，农村人口相对比较分散，而城市人口相对比较密集，城市交通比较便利，手工业相对比较发达，但是当时的德国城市发展还需要依附于封建领

---

① 马桂琪、黎家勇：《德国社会发展研究》，中山大学出版社，2002：50。

主，同时也会受到封建领主的压迫，因此早期德国的城乡关系呈现出了城市对农村的经济依附与政治的统治。19世纪40年代末期德国的工业革命蓬勃发展，1847年开始用蒸汽机作为动力。随着城市工业的快速发展，大量的农村人口转移到了城市，为城市的工业与服务业提供劳动力，最终导致城市的人口数量迅速增加。在过去的几百年来，德国始终以农村的生活为基础，工业革命以后，以农业发展为主要经济来源发生了变化。1871年德国人口达到4100多万人，到1910年德国人口为6500多万人，其中城市人口占总人口的比重达到了60%。[①] 德国的城市人口不断地增多，城市的规模继续扩大。

德国早期的城乡关系主要表现在这几方面。第一是城乡经济发展呈现出极不平衡的现象。德国早期的农村与农业发展相对比较缓慢，而城市和工业发展相对比较快。1871～1899年，德国农业方面的投资占社会总投资的比重下降了9%，而工商业的投资增加到了54.5%。[②] 工业与农业呈现出失衡。德国一位著名的经济学家卡尔·奥尔登贝格曾经这样认为，德国的经济像是一栋几层高的楼房，楼房的最高层是工业，最低层是农业，农业是工业的基础，若高层快速的发展，低层的发展相对落后而无法承担高层的压力，这座大楼就会倒塌，因此工业与农业相互协调的发展，国家才能兴盛。第二是农民的生活条件十分艰苦贫困。受特殊的地理条件以及气候环境因素变化的影响，德国农业频繁遭遇自然灾害，早期技术水平的局限性使得农业的生产主要依靠天气作用，农业的生产产量非常不稳定，因此农民的生活困苦。因历

---

① 刘玉安：《告别福利国家？——西欧社会政策改革的大趋势》，《当代世界社会主义问题》2014第3期。

② 丁建弘：《德国通史》，上海社会科学院出版社，2003：235。

史原因，当时的地主阶级和新兴资产阶级对剥削压迫农民，导致德国在"普鲁士"式的变革过程中时常引发粮食危机，农民生活十分艰苦，农业的发展也十分缓慢。德国早期的经济十分落后，农业的发展几乎停滞，农民的生活十分的艰苦。为了维持生活，农民会去公共的森林中寻找木材，捡拾一些枯叶，但是国家的法律却认为这种行为是违法的，并以盗窃罪进行处罚。到19世纪晚期，农业的发展仍然处于落后地位，掀起了农业危机，粮食价格大大下降，很多的大中小农户濒临破产无法生存，造成德国大批的农民转移到了城市，成为城市中的贫困工人。第三是城市社会中的对立现象十分严重。德国农业的发展相对落后，但是工业的发展则非常快，随着德国城市人口的增多，城市的数量不断地增加，并且规模也在慢慢地扩大，因此出现了很多区域性质的甚至是全国性质的经济中心。德国工业的迅速发展以及城市的不断扩大，吸引了农村人口进入城市，所以城市居民的居住问题成为社会的关键问题之一。当时德国工人不仅仅存在住宅方面的困难，他们的工作处境也十分艰险，在工作过程中频繁发生事故，失业的现象也很严重。恩格斯描述，在普鲁士邦，1895～1911年，百万富翁的人数增加4000多人，其中拥有的财富增加了127亿马克。[①] 虽然人口增加，但是人们的生活水平并没有提高，反而逐渐下降。根据德国统计局的调查可以看出，居民的生活水平非常低。1894～1902年，居民为了维持基本的生活每周需要24马克40分尼，而工人的平均周工资只有21马克10分尼。1909～1914年居民的基本生活保障费增加到了31马克10分尼，工人的平均

---

① 维纳·洛赫：《德国史》，北京大学历史系世界近代现代史教研室译，生活·读书·新知三联书店，1959：538。

周工资增加到了 28 马克。[①] 贫富差距严重影响国民的生活状态，德国工人的工作环境极其恶劣，人们多次掀起罢工运动，德国的劳资矛盾越来越严重。1872 年，德国工人在鲁尔、柏林、纽伦堡、莱比锡等地多次爆发罢工运动。1890 年德国工人的罢工次数达到 226 次，参加罢工的人数约 38536 人，到 1900 年罢工次数达到 1500 次，参加罢工的人数约 131888 人。[②] 贫富差距愈演愈烈的同时，城市由于生产过度膨胀，人口与资源高度集中，从而引发了工业污染、环境破坏以及交通拥堵等社会问题。

为了解决德国早期的城乡关系问题，国家出台了相关政策来缓解城乡对立的矛盾。首先，德国提出大力发展农业社会保险制度。德国的社会保险制度在世界范围内起步比较早。在德国城镇化的早期，为了保障德国农业的稳步发展，确保农民在生产经营过程中能获得相应的保障，德国考虑到自然灾害给农民带了巨大的压力，因此建立保险业务。德国为了平息一次又一次的罢工运动，在社会保障方面，德国政府建立了社会保障法来改善公民的处境，同时通过立法的形式使人民群众感受到社会保险的作用。这一系列制度有效保障了国民的生活质量，同时也为德国的社会保障体系奠定了坚实的基础；其次，德国政府提出发展农业合作社。为了促进德国农业的快速发展，让农民可以摆脱贫困生活，德国开始实施农业合作社。自 19 世纪中叶开始，德国逐步建立了 423 个莱弗艾森式的合作社。[③] 德国政府也对农业合作社给予财政方面的支持。由于政府的高度重视，德国农业合作社到 1912 年已

---

① 维纳·洛赫：《德国史》，北京大学历史系世界近代现代史教研室译，生活·读书·新知三联书店，1959：538。
② 维纳·洛赫：《德国史》，北京大学历史系世界近代现代史教研室译，生活·读书·新知三联书店，1959：540。
③ 张仲福：《联邦德国企业制度》，中国法制出版社，1990：67。

经达到了 2 万多个。① 最后，实施城市规划建设工作。德国政府为了更好地解决城乡发展过程中出现城市问题，德国借鉴了英国的城市规划经验。德国通过立法的形式对城市规划进行干预，因此德国依次颁布了一系列法律，在城市建设过程中起到了一定的制约作用，调整了资产阶级利益集团之间的矛盾，进而有效缓解了城市发展过程中的社会矛盾问题。由于农村人口大量转移到城市中来，使得城市人口增多，城市出现了严重的住宅短缺问题。德国政府为了缓解城市住宅问题，提出全体市民共同参与城市住宅的建设工作，德国政府出台的城市规划与方案需要国民共同参与修改，一切房产开发项目必须符合城市规划的方案。

德国通过采取农业保险制度、农业合作社以及城市规划等措施，有效促进了德国工农业的发展。19 世纪末 20 世纪初，德国在农业生产过程中已经开始大量使用机器与化肥等先进的生产资料，有效提高了土地的利用率，农业产量也大大提升，农民的生活水平也逐渐地提高。虽然德国的农业产量有所增长，但是社会的大部分财富还集中在一部分人手中。因此，德国的工业与农业、城市与乡村仍然存在差距。与德国飞速发展的工业相比，农业的发展还是非常缓慢。

（二）德国城乡关系的调整

进入中期阶段，德国的工业与农业在发展过程中艰难前行。1910 年德国人口总数达到了 6492.6 万人，农村人口占 40%，城镇人口占 60%。② 1914～1945 年，这期间德国经历了两次世界大战，农业产量逐渐下降，人口也逐年减少，城市的发展遇到了瓶

---

① 张仲福：《联邦德国企业制度》，中国法制出版社，1990：73。
② 肖辉英：《德国的城市化、人口流动与经济发展》，《世界历史》1997 年第 5 期。

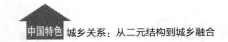

颈，农村变得越来越萧条，城乡居民生活质量悬殊，城乡差距越来越大。

德国城镇化中期的城乡关系主要表现在这几个方面。第一是工业与农业的生产严重衰退。经过两次世界大战使得德国的经济进入了严重的危机阶段，工业生产几乎停滞，农业的产量也逐年下降，工业生产指数也出现明显的下滑。第二是城市发展几乎停滞。1945 年世界反法西斯战争结束以后，德国的城市遭到了严重的破坏，1/4 的房屋建筑受到了严重的损坏，很多道路、桥梁以及公共设施已经完全瘫痪。在这种物质及其匮乏的情况下，德国的物价飞速上涨，同时也遇到了前所未有的通货膨胀。柏林记者描述："柏林没有住宅，没有商店，没有运输，没有政府建筑物。"① 德国的城市居民面对战争后城市的悲惨状况，很多居民丧失了对德国未来发展的信心，决定移居其他国家生活，因此大量的城市居民开始移居国外。同时德国部分的农业人口转移到了城市，在这种状况下，德国城市的就业问题、社会治安问题、资源流动问题以及生态环境问题等，都给德国的发展造成了巨大的压力。第三是城乡矛盾加剧。在 20 世纪上半阶段，由于德国经历了两次世界大战以及严重的经济危机，农业生产遭到了严重的破坏，从事农业生产的劳动力以及肥料都出现了严重的匮乏，相关的农产品自然出现大幅度的下降。面对这种严重的经济危机，很多大中小农户无法承受这种巨大的经济压力，不得不选择变卖土地，由此造成了德国许多土地主要集中在大农户手中。因此，城乡之间出现了诸多矛盾，如农业与工业之间的矛盾，城市与农村之间的矛盾，各民族之间的矛盾以及阶级矛盾与社会矛盾等，德

---

① 科佩尔·S. 平森：《德国近代史（下册）》，范德一等译，商务印书馆，1987：709。

国的经济社会进入了严重的危机阶段。

德国面对这种严重的经济与社会危机，决定快速恢复和重新建立国民经济，从而调节城乡之间的矛盾。德国在 20 世纪 50 年代开始进行改革，建立社会市场经济体制。社会市场经济体制的主要特点是自由竞争的经济模式，国家政府的干预以及社会保障同时并存。提倡尊重个人经济自由以及经济权利，通过市场机制来合理配置有限的资源，同时充分发挥国家的社会经济职能，保障社会公平发展。为了确保社会市场经济秩序的顺利进行，德国政府非常重视社会的公平公正，公平公正才能有效提高社会效率。因此，德国城乡关系的发展道路始终坚持城乡等值发展，并没有像其他发达国家一样选择先发展城市，后发展农村的道路。城乡等值建设最早开始于巴伐利亚，城乡等值的要求是使城市与乡村能够享有相等的条件与资源，着重改善农民的生活条件，促进农业的生产，完善农村的生态环境以及传承乡村文化。城乡等值的主要内容包括土地的规划、片区的规划、机械化的耕作方式、农产品项目开发、农村基础设施的建立以及农村公共事业发展等各个方面。[①] 经过漫长城乡关系的调整，德国目前实现了城乡协调发展，实现了城乡等值的发展战略。

第一，建立了城乡空间发展规划体系。德国是世界上最早建立城乡空间发展规划的国家之一，其目的是缩小城乡之间的差距，使城市与乡村的居民能够过上平等的生活，因此，德国决定通过立法的形式，从而建立一个相对完善的城乡空间发展规划体系。德国是联邦制的国家，主要实行三级行政管理体制，分别是联邦政府、州政府以及地方政府，由此空间规划也分为三个层

①　李建军、周津春编著《科学技术与农村发展政策》，中国农业大学出版社，2012：258。

次。联邦层面的规划法规具有最高的权威，州层面的规划应依照联邦规划的法规而制定，最为著名的是巴伐利州的《城乡空间发展规划》，市镇层面的规划应结合联邦规划法规以及州层面规划法规来具体细化。具有法律保障的城乡空间规划体系始终坚持以空间的可持续发展为指导，将区域城乡经济的协调发展作为德国各级政府的共同任务，为德国城乡关系协调发展提供了强有力的保障。

第二，实施城乡等值化的发展战略。自第二次世界大战以后，德国的经济遭到了严重的破坏，农村农业农民的问题非常突出。农村的发展相对滞后，农业的产量严重不足，农民的生活条件十分艰苦，农村医疗与公共设施极不完善，交通处于瘫痪的状态，致使大量的农民转移到城市中来，造成城市人口的剧增，增加了社会的负担。在这种经济社会的背景下，德国赛德尔基金会提出了城乡等值化理念，同时在巴伐利亚州进行了实验，并取得了成功。巴伐利亚州是德国相对落后的地区，农业发展也十分落后，但是通过城乡空间规划战略的实施，有效改善了农村的基础设施建设，产业结构得到了调整，最终缩小了城乡之间的差距。与德国其他地区相比较，巴伐利亚州的经济增长率较高、失业率较低，创造能力较强。[①] 德国的城乡等值化发展模式影响到了欧洲各个国家，成为欧洲国家农村发展的典范。城乡等值化发展的核心思想使得城市与农村的生活条件、基础设施、劳动就业机会、收入水平、居民生活环境、文化建设以及社会保障等各方面处于平等的地位。因此，在城乡等值化建设过程中，德国政府始终重视农业与社会服务等各方面的发展。1965 年德国政府颁布了

---

① Kuntz, Aline. "Regional Differentiation in the Federal Republic: Conservative Modernization in Bavaria." *German Studies Newsletter*, No. 8 (1986), p. 16.

《建设法典》，其中明确了农村的规划与发展目标，通过法律完善了农村的生产与生活条件[①]。德国政府实施的区域规划和县域规划有效保障了农村公共基础设施的有序进行。德国倡导的是全民共同参与，无论是在公共基础设施建设，还是在农民住宅方面，都采用联邦政府、地方政府以及农民共同承担责任的原则。联邦政府与地方政府承担大部分的投资，农民则承担小部分的投资。德国农村的公共基础设施与城市实行同等的收费管理制度，无论是在供水、供电、供热，还是在垃圾处理等各个方面都享有同等的待遇。在教育方面，德国农村幼儿园及小学的教育设施相对比较完善，城乡的教育差别并不是很大。尤为突出的是，德国注重保护历史文化资源，在农村的建设发展过程中，基础设施的完善以及村庄的改造都结合了自然景观的元素，在建设中强调的是个性设计和整体协调的原则，并且始终将原生态的文化元素体现在基础设施的建设中，保护古老建设的初始状态，将农村建设成了具有独特韵味，同时充满文化气息的各自不同的小镇。德国的城乡等值化建设引起了各国的关注。芒福德描述："城与乡承载着同等重要的价值并需要有机结合在一起，在这方面，德国是成功的。"[②] 因此，德国的城乡等值化发展使得城市与农村获得了平等的地位与发展机遇。

第三，建立区域财政平衡制度。德国的法律规定各州的财政势力应该具有适当的平衡。德国政府颁布了相关财政法律，通过运用纵向平衡与横向平衡这两种方式来调节财政的收入与分配。联邦政府对各个州的财政支出有两种方式，其一是调整增值税的

---

① 张秋玲：《德国乡村多元化发展对我国乡村振兴的启示》，《农民日报》2019年第4期。
② 周季钢、阳炆杉：《德国："城乡等值化"建设新农村》，《中州建设》，2008。

共享比例，其二是提供专项拨款。对于一些比较重要的项目政府会实行特殊补贴。德国联邦政府60%的投资资金几乎都流向了经济相对落后的地区。[①] 德国对公民个人及公司实施了团结附加税的政策，其所得的税收主要用于养老、失业险、公共设施修建、环境治理和城市改造等各个方面。这种税收政策很好地保障了各州居民的生活质量，缩小了城乡之间的差距，稳定社会发展的同时解决了很多的内部矛盾。

第四，推进工业与农业的同步发展。为了促进国家的全面发展，解决最根本的粮食问题，德国非常注重工业的发展带动农业的发展，最终使农业实现现代化。首先大力实施农业规模化经营，从而降低其生产成本，有效提高了劳动生产率。1955年德国制定了相关的农业法律法规，农民的土地可以自由买卖，积极鼓励农业实施合并经营管理，同时政府将零散的土地进行集中整治，有效减少了农场的数量，确保农业可以大规模的经营，提高了生产效率，改善了农民的生活质量。1949~2002年，德国农场的平均面积从8.06公顷增加到了30多公顷，农场数量也从165万个农场缩减到了不足50万个。[②] 德国政府在实施大规模经营的同时，通过财政及信贷等措施来调整农业的生产方式，如积极鼓励农民将土地出售转向非农业；鼓励即将退休的农民提前退休；对农民提供价格补贴等。其次，积极建立农村合作组织，从而有效提高农业的生产效率及产业水平。德国作为世界上首先提出农村合作社的国家，农村的各个地区都遍布农村合作社，主要为农业劳动者提供生产、加工、销售、信贷以及信息咨询等各方面的服务。农业合作社有效增强了农业生产与销售的组织化程度，同

---

① 孙来斌：《德国国家治理的经验与启示》，《人民论坛》2016年第1期。
② 刘英杰：《德国农业和农村发展政策特点及其启示》，《世界农业》2004年第2期。

时提升了德国农产品的竞争力，减少了农业成本，大大提高了农民的收入，缩小了城乡之间的差距，促进了农村经济的发展。德国工业的发展有效地带动了农业现代化的进步，短短几十年的时间，德国的拖拉机与收割机就普遍地应用到了农业生产中。20世纪70年代德国将电子、遥控和激光等先进技术运用到了农机当中，大大推动了农业的机械化发展。到了90年代，德国逐步开展了精准农业，将地理信息系统、定位系统以及卫星遥感技术与农业生产紧密地结合起来。这种运用现代技术的农业不仅减少了生产成本，还有效提高了生产效率，同时有利于农村环境保护和农业的可持续发展。

第五，发展"去中心化"的城镇化模式。德国的城镇化进程与其他发达国家一样，大量农村人口转移到城市，城市人口数量不断扩大。在德国工业化的带动下，一些具有地理和环境优势的村庄首先发展起来，而原来一部分地区如柏林、汉堡等具有优越的地理和环境资源的大城市逐渐转为世界型大都市。1910年，德国的城市人口比重已经超过了60%，10万人以上的大城市数量占全国城市总数的比重接近21.3%。[①] 这种以城市为中心的城镇化模式有效地推动了德国经济的发展，但是发展的同时也带来了严重的环境污染、交通拥堵等一系列问题。20世纪50年代以后，经过第二次世界大战的洗礼，德国改变了传统的城镇化模式，转向了一种新的城镇化发展模式，这种新型的发展模式主要是"去中心化"，与城镇化过程中的"中心化"相对而言，特指将功能、权利、人口或者资源从一个中心进行重新分配或者分散的过程。[②]

---

① 简新华、何志杨、黄锟：《中国城镇化与特色城镇化道路》，山东人民出版社，2010：107。

② 蒋尉：《德国"去中心化"城镇化模式及借鉴》，《国家行政学院学报》2015年第5期。

德国的去中心化的发展主要注重的是大中城市与小城镇的均衡发展，减少因过度集中发展而带来的大城市病，拉大了城乡之间的差距，形成一种具有多元化特征的城市，城市的多中心均衡发展。同时政府提倡小城镇化的发展，自1965年开始，德国逐步开展了具有特色的、功能明确的、产业特点突出的小城镇，小城镇的人口数量都在一定范围内。这种去中心化的发展模式有效地改变了德国城市体系的结构，促进了大中小城镇的发展和城乡之间的互动，缩小了城乡之间的差距，形成了一种城市均衡发展，城乡等值发展的新面貌。

第六，完善农业社会保障制度。德国农村的社会保障落后于城市的社会保障，自第二次世界大战以后，农村经济逐渐稳定，德国开始逐步完善农村的相关社会保障制度。1957年德国政府颁布了《农民老年救济法》，该法主要针对农民进行救助；1972年出台农村医疗保险政策，为农民的生活提供了有力的保障。[1] 20世纪80年代以后，德国政府相继出台了各种社会保障法，通过法律保障了农民的生活质量，经过50多年的完善与发展，德国基本建立起了相对比较完善的社会保障体系和相应的监督体系，有效地保障了农民的利益，提高了农民的积极性，只有城市居民和农村居民享有同等的社会保障，城乡之间的差距才能从根本上得到消除。

第七，发展城乡职业教育。德国的职业教育在世界范围内都居于领先地位。德国具有独特的"双元制"职业教育体系，国家倡导职业教育在企业和非全日制职业院校同时推进，企业主要培养技能，职业学校主要传授理论知识。德国相关的法律规定，必

---

① 代山：《国外养老保险法律制度》，《人民论坛》2013年第11期。

须经过基础教育后再进行三年的农业职业教育后才能成为职业农民。在德国要想成为正式的农民，必须经过相关的理论学习和企业的实践之后，通过全德的职业资格考试，成绩合格并取得证书。德国的职业教育主张免费的原则，其教育经费相对比较稳定，资金主要由联邦政府和州政府提供，一般占国家教育投资的15.3%。① 德国"双元制"的教育体制和职业资格证书的实施，有效提高了农民的整体素质，并为农业现代化的发展提供了有利的人才基础，在满足德国农业现代化发展的同时提高了农民的生活水平。根据相关部门的统计，德国农民中受过农业高等教育的人占10%，受过职业进修教育的人占59%，具有中等职业教育学历的人占31%，通过职业资格考试并获得证书的比例占22%。②

第八，完善城乡环境保护的法律法规。德国的城乡生态环境保护是在平衡经济与环境保护、在平衡市场与社会的矛盾中逐渐形成的。20世纪70年代，德国主要采用先污染后治理的模式，随着工业化的发展，德国遭遇了严重的环境污染，自然生态环境遭到了破坏，同时严重地影响了居民的生活质量。德国政府决定出台相关的法律法规，治理严重的环境污染问题。农业方面，政府也颁布了多种法律法规来保护农村的生态环境，在农村的建设过程中，应该将环境问题置于首要位置，有关法律规定50人以上的村庄必须要设置水污染处理设施。③ 近几年由于德国政府对环境污染的高度重视，农村的房屋主要采用节能设施，增加了新能源的利用，城乡的生态环境整体上得到了改善，城乡生态环境呈现出和谐的一面。

---

① 宋洪远：《中国新农村建设：政策与实践》，中国农业出版社，2012：212。
② 丁声俊：《德国：培育现代职业农民很用心》，《中国经济导报》2015年第7期。
③ 丁声俊：《德国：培育现代职业农民很用心》，《中国经济导报》2015年第7期。

三 日本以城养乡的发展模式

1868 年明治维新以后，日本受到欧美工业化国家的影响，开始加快城市化与工业化的进程，成为亚洲第一个实现城乡一体化发展的国家。在 20 世纪 50 年代以前，日本的城市化发展水平还处于相对比较落后的局面，第二次世界大战爆发以后，日本经济开始快速发展，城市化水平不断地提高，逐渐达到了发达国家的城市化水平。

日本的城乡关系大致分为几个时期。① 第一个时期是 1868 ~ 1920 年，城乡关系处于城市化与工业化的初期阶段。日本在初期阶段是一个相对比较落后的封建农业社会，国家整体经济发展相对较慢。自从明治维新以后，日本的经济得到了一定的发展，逐渐进入了资本主义社会，国家逐步从农业向工业转变。这一阶段日本的城乡关系主要是依靠农业增强工业，乡村孕育城市。日本政府采取了一系列措施加快工业的发展，通过征收农业税来增加资本剩余，从而为工业的发展提供有利的条件，城市的繁荣主要是依靠收取较高的农业税，同时榨取农业剩余而逐步发展起来的。相关资料表明，1900 年政府收取的农业税占总税收的 67.9%，到 1920 年，农业税的占比降低到 48.3%。② 在此阶段，日本政府同样重视公共基础设施的建设工作，为国家经济社会的发展提供一定的基础。日本政府在积极推动工业发展的同时，推出相关政策来实现农业生产技术的改良，改善了日本农业长期落后的地位，提高了日本农业的生产水平，农民的生活水平也得到

---

① 孙波、白永秀、马晓强：《日本城市化的演进及启示》，《经济纵横》2010 年第 12 期。

② 施虹：《日本在工业化进程中对农业的支持与保护》，《世界农业》1997 年第 7 期。

了一定的改善，日本农村的生活面貌得到了有效的调整。通过农地的开发与调整，农地的面积得到了大幅度的扩大。① 日本政府经过不断努力，到 1920 年，日本的耕地面积已经达到了 500 万公顷。② 农业的发展为工业的进步提供大量的资源，同时工业的进步有效地带动了城市化的初步发展，日本的城市人口渐渐地增多，城市化的水平也在不断地提高。日本自明治维新以后，为了更好地发展教育，科学合理的规划各项工作，对生活困难的居民进行帮助，采取了户籍登记，从而增强行政管理。1886 年日本政府开始全面实施小学义务教育制度，每个地区需要建立一所小学，全面实施市町村合并，由于市町村在短时间内合并极多，产生了很大影响力，历史称为"明治大合并"。第二个时期是 1920～1950 年，这一时期的日本工业化发展相对比较迅速，进入了工业带动农业的发展阶段。第一次世界大战期间日本的经济得到了快速的发展，产业结构也慢慢地发生了变化。自 1920 年开始，日本逐渐进入了重工业的发展阶段，农村大量的劳动力转移到城市从事工业生产，日本的耕地面积经过整理得到了扩大。1922 年日本开始逐步推广运用排水改良事业，同时引进了各种先进的技术，新式农业用具等，开始全力发展灌溉事业，1937 年快速形成了日本四大工业带。③ 1938 年日本开始出台农村土地改革，主要是为了废除原有的封建土地制度，成立自耕农，逐步实施农村的土地私有化。1946 年日本颁布了《农地改革法》，并对土地制度进行

---

① 贾绍凤、张军岩：《日本城市中的耕地变动与经验》，《中国人口、资源与环境》2003年第 1 期。

② 刘洋：《日本城市化过程中农地保障政策及对中国的启示》，《社会科学辑刊》2016 年第 1 期。

③ 郝寿义、王家庭、张换兆：《日本工业化、城市化与农地制度演进的历史考察》，《日本学刊》2007 年第 1 期。

了改革，废除了地主阶级的土地所有制，确定了自耕农制度。这一阶段日本处于战后的恢复阶段，海外市场比较萧条，国内的税收逐步增加，日本的工业以及农业发展十分困难。第三个时期是1950～1977年，这一时期随着朝鲜战争的爆发，日本作为欧美国家的战略物资基地，其经济得到了快速的发展。1950～1960年，日本呈现出农村的耕地无人打理、城市发展相对滞后的状态。1950年以后，日本的国际形势发生了变化，经济发展有了新的突破口。通过向国外出口，经济得到了飞速的发展，并走向了现代化的发展道路。日本在发展过程中主要重视化工业、商业以及金融业等具有服务性质的行业，这些行业主要集中在相对较大的城市和沿海地区。同时，也在这一时期创造了日本城市化与工业化的历史奇迹，逐步实现了农业农村的现代化。在第二次世界大战以后，日本先后进行了两次农村土地改革，政府慢慢地收购了地主的土地，并将这些土地卖给农民，其主要目的是将原来的封建土地制度转化为以自耕形式的现代化土地制度，从而有效提高了农村农业的生产效率，增加了农村居民的收入，改善了农村居民的生活条件。1949年出台的土地制度，主要是通过改造山区扩大农村的耕地面积，保护农民的自身利益，利用土地制度严格地限制了土地产权的流转。政府出台的这一系列土地制度使得农业的生产效率得到了提高，农村居民的收入也有所增加，但是1960年以后，日本由于大米过剩，农村居民的收入发生了逆转，农村居民的收入慢慢地开始下降。1960～1970年，这一时期日本工业与农业之间的差距进一步拉大，日本的社会格局发生了巨大的变化，城市出现"过密化"现象，而农村出现"过疏化"问题，并且这种现象越来越严重。①

---

① 田毅鹏：《地域社会学：何以可能？何以可为？——以战后日本城乡"过密－过疏"问题研究为中心》，《社会学研究》2012年第5期。

城市经济的迅速发展，使得人口与产业都向大城市靠拢，与此同时，工业的快速发展，农村开始慢慢地衰落，造成工业与农业收入的差距拉大，城乡之间的差距也越来越大，农村的发展也相对滞后。[①] 1960 年末，日本出现了大米过剩的现象，同时农村的耕地面积逐步减少，部分农业人口开始向城市转移，在城市从事非农产业。因此，日本的农村呈现出老龄化严重、年轻力壮的青年人逐渐减少的问题，农村的财政能力下降，公共服务水平也逐渐下降，农村传统的文化与习俗也在慢慢地消失。1950 ~ 1973 年，日本引进技术达到 21863 项，累计金额达到 43.56 亿美元。[②] 工业化与城市化的水平也得到了相应的提高，大量的农村人口向城市转移。1970 年日本政府提出了综合农业政策，提高了农产品的商品化水平，调整了粮食的价格，改变了农业结构。将工业引到农村地区，有效解决了城乡关系在发展过程中出现的过疏化与过密化问题，缩小城乡之间的巨大差距。第四个时期是 1977 ~ 1990 年，是日本的工业化和城市化的成熟与完善阶段。20 世纪 70 年代，日本受到了世界经济危机的影响，国家的经济发展速度相对放缓，政府通过一系列政策将城市的工业引到农村，其目的是改变城市过密、农村过疏的现象，从而缩小城乡之间的差距。20 世纪 70 年代后期，日本政府大力发展现代化农业，农业的耕作方式基本上实现了全面机械化。[③] 1980 年，日本政府出台了相关的土地利用法规，将日本的全部土地视为农业振兴的土地，并将土地的产权进行扩大，逐渐发展成为开发用地以及设施用地等，同时放宽了农业生产者法人的基本条件。第五个时期是 1990 年至今，

---

① 郭建军：《日本城乡统筹发展的背景和经验教训》，《农业展望》2007 年第 2 期。

② 高强：《日本城市化模式及其农业与农村的发展》，《世界农业》2002 年第 7 期。

③ 何平均：《日本工业化、城市化与农业现代化的互动发展与启示》，《农业经济》2012 年第 6 期。

随着产业结构的不断调整，日本的城市化步伐逐渐放慢了脚步。与上一个时期出现的城市过密与农村过疏问题相比较，这一阶段的城乡关系出现了新的趋势，城乡空间呈现出了另一种特征。1960年开始出现的城市过密现象主要集中在东京、大阪以及名古屋这三大城市中，农村的过疏化主要是指一些偏远的山区和渔村。1992年以后，关西圈与名古屋等地区慢慢结束了过密化，反而呈现出了郊区化现象。第三产业占国民生产总值的比重逐渐地增加，这一时期日本的城市人口基本饱和，1998年东京、大阪、名古屋三大城市人口占全国总人口的46.8%，① 因此，日本人口逐步向小城镇及乡村转移，但是这种转移的程度并不是很高。根据相关的考察，日本农村这种萧条的状况很难逆转，目前，日本农村仍然面临人口老龄化以及人口过疏的严重问题，由此产生了农村发展相对落后的现象。②

第二次世界大战之后，伴随日本城市化与工业化的快速发展，农村失去了大量的劳动力，缺乏足够的劳动力来扩大农业规模经营。随着日本工业带动农业的发展，日本小型农业机械开始迅速发展，缩短劳动时间的同时减少了人力，因此，农民在空闲时间就可以种好地，农户的数量没有减少反而增加了许多兼业农户。由于城市与工商资本家竞争购买导致土地价格飞涨，同时又存在大量的农业劳动者不愿意出售土地，最终造成土地所有权转让等一系列严重的问题。面对这种严峻的形势，日本政府出台了相应的农业政策，起到了良好作用。

日本采取以工带农、以城促乡的发展策略。第一是大力发展

---

① 徐同文：《城乡一体化体制对策研究》，人民出版社，2011：46 – 47。
② 张立：《乡村活化：东亚乡村规划与建设的经验引荐》，《国际城市规划》2016年第6期。

农业协同组合。为了解决农业经营规模小的不利因素，日本政府在 1947 年颁布相关法律来扶持农业协同组合的发展，同时积极组织农户参与市场竞争，农业协同组合有效克服了农业经营规模小的问题，全面提高了社会化服务水平。农业协同组合把全部农户融入一个合作经济体系，其主要功能是为农民的生产与生活提供具有综合性质的社会服务，从而提高农业的经营效率，这种综合性服务主要包括供应农业生产资料、发展农业基础设施、筹集农业资金、办理农业保险以及发展农业教育工作等。在供应农业生产资料和发展农业基础设施方面，日本的农业具有高度的机械化、化学化、水利化及良种化的特点，只有保证农机农具以及化肥等农业生产资料供应充足的情况下，并利用农业基础设施，才能使整个农业的生产过程顺利地完成，农业协同组合为农户提供农业的生产资料等方面的服务活动；在筹集农业资金和办理农业保险方面，伴随着农业产业化发展水平不断地提高，农业的资本集约很快的增加。农业劳动者为了确保农业现代化的顺利进行，每年都要投入大量的资金来租赁土地、购买生产资料以及建立更完善的基础设施。农业劳动者对这种资金的需求越来越大，农业协同组合为了解决资金方面的困难，为农业劳动者提供筹集资金和农业信贷方面的服务。第二是调整农村产业结构。通过调整农村产业结构，延长农业产业链，从而提高农业企业的经营效益。为了适应经济结构与农产品消费结构的变化，日本积极调整农业产业结构，逐步由单一的平面农业转向综合的立体农业。农业产业结构的调整主要体现在这几个方面。一是农业生产结构中农副产品的比重逐年的增加，以粮食为主的传统农业生产结构得到了根本性的改变；二是食品消费结构的改变和消费方式的变化带动了农产品加工工业的发展；三是农产品流通体系越来越发达。以大城市食品批发市场为基础，逐步调整成立了中央批发市场；四是农业、工业以及商业经营模式的多样化。第三是转变需求关系。日本工业化与城市化快速发展的阶段，导致大量的农民转移到非农产业，农村的经济结构发生了巨大的变化，同时农产品的需求结构也发生了改变。首先是工业与城市的发展增加了对农产品的需求。其次是农村非农业人口的增长导致农村生产与生活方式的改变。根据相关统计数据，1982 年非农业劳动力占日本全国雇佣总人数的 14.4%，其中生活在农村的人口占制造业人口数量的 30.4%。[①] 最后是农产品消费水平的提高与消费结构的改变有效地促进了市场需求结构的变化。

第二节　发达国家城乡关系发展的经验借鉴

随着工业革命的不断推进，以美国、德国和日本为首的典型发达国家都是在工业化的驱动下开始了城镇化的发展。这些发达国家都经历了多年的艰难探索与实践，最终成为世界上较早实现高度城镇化的国家。其间，城市与乡村经历了从分离到融合，从不协调到协调的动态发展过程。通过分析美国、德国以及日本等国家的城乡关系，总结出对我国城乡关系发展的借鉴意义。

一　高度重视"以城哺乡"的战略地位

在美国、德国和日本等发达国家的城乡关系的发展过程中，

---

① 孙久文：《走向 2020 年的我国城乡协调发展战略》，中国人民大学出版社，2010：507。

都是以传统农业为基础发展起来的，利用工业的快速发展有效地带动经济的发展。从总体来看，城市的繁荣与工业实现现代化几乎是同步的，通过工业的发展带动农业实现现代化，农业与工业呈现出互动发展的特征。在城乡关系发展的初级阶段，农业也是处于相对落后的地位，为城市的发展提供各种服务，来积累大量的资源为工业化与城市化提供必要的基础，工业剥削农业，城市掠夺农村，最终造成显著的城乡差距。若是国家对这种城乡差距置之不理，那么就会产生严重的社会矛盾，影响整个社会的有序进行。因此，美国和德国等发达国家随着矛盾的不断加剧，采取了相应的措施来缩小城乡之间的差距，同时缓解发展过程中存在的矛盾与问题，从而促进城乡协调发展。

实施"以城哺乡"加快农村经济的发展，从而改善农业的生产条件，提高农村居民的整体生活水平，进而缩小城乡之间的差距。美国在协调城乡关系的过程中，主要采取的措施是对农产品进行价格补贴，对全民实施社会保障制度，同时针对城乡的环境污染进行了治理，这一系列反哺措施有效改善了城乡之间的不协调关系。德国采用的是城乡等值化发展理念，将城市与农村视为一体，通过国家制定的多种法律法规、严格且全面的环境污染防治制度以及相对独立的农村社会保障制度来改善农村的生活环境、农业的生产条件，从而实现城乡之间的协调发展。由此可以看出，在城乡关系的发展过程中，国家为了经济能够得到快速的发展，工业与城市发展相对较快，农村与农业发展相对滞后，但是当工业化与城市化达到一定水平后，国家具备了支持城市反哺农村的物质条件。因此，通过制定合理的政策与制度，能够将城市与乡村之间的差距不断地缩小，进而实现城乡之间的健康和谐发展。

二 选择适合国情的城乡协调发展道路

地理、历史、资源等多种因素都将对城乡融合发展产生一定的影响，每个国家的都有其各自的特点，因此，不同国家的城乡协调发展道路各有不同，各个国家在处理城乡关系的措施各有不同、各具特色。美国是一个自然资源相对比较丰裕的国家，人口结构比较复杂，但是城乡关系的发展受历史因素的影响较小。在城乡关系发展的过程中，比较注重对农村农业的保护，通过利用先进的技术促进农村经济的发展，使城市与乡村之间相互协调发展。德国受历史因素的影响较重，民族、经济与社会的矛盾比较复杂，经过多次战争的洗礼，德国的经济发展处于相对落后的状态，为了改善国家的经济条件，德国逐渐实施社会市场经济，重点强调的是经济效益与社会效益的平衡，注重城市与乡村的协调发展，并通过相对完善的社会保障制度来促进城乡社会关系的发展。日本的国土面积相对较小，人口密度相对较大，经济高度集中发展，虽然城乡的基本公共服务差别不大，但是农村的老龄化问题严重。日本通过大力发展农业协同组合、调整农村产业结构以及转变供需关系等措施来协调城乡之间的关系。由此可见，不同的发达国家具有各自不同的国情与文化，在处理城乡关系的发展过程中，不同的国家呈现出不同的特点。世界各国在城乡关系发展的过程中都存在各自的问题，虽然有些问题具有共同的性质，但是各国的国情不同，所以城乡的协调路径没有固定的发展模式。任何国家在处理城乡关系时，都需要根据其自身的特点以及历史文化，在不同的文化背景和不同的资源环境下，城乡关系呈现出不同的特点。当历史条件发生改变时，其固有的模式与经验所产生的作用就会消失，城乡关系协调路径的选择必须要依照本国的基本国情与社会条件而决定。因此，中国城乡关系的协调路径必须与我国的实际国情紧密相连，同时遵循社会主义的发展特点，走具有中国特色的城乡融合发展之路。

三 充分认识城乡协调发展的渐进性

城乡之间的协调发展主要体现在城市与乡村之间的良性互动上，形成了一种彼此联系又独立的有机整体。从社会主义探索时期到改革开放，再到步入新时代，我国的城乡关系发展经历了几十年的探索。在不同的发展阶段，党对城乡关系的认识存在不同的理解。要想实现城乡之间的协调发展，必须充分认识城市与乡村协调发展的重要性，不能只发展城市而忽略农村的进步。以日本为例，在城乡关系发展过程中，为了改善社会的经济状况，一开始忽略农村以及农业的发展，大力发展城市与工业，使得农村处于相对落后的地位。随着城市的发展，日本政府认识到城乡协调发展的渐进性，首先提出通过工业反哺农业，促进农村经济的繁荣发展。当城市化水平发展到一定高度时，再通过城市的辐射作用促进农村经济的发展，利用先进的工业带动农业的发展，使得城乡之间的差距明显缩小。要想真正实现城乡之间的协调发展，就要促进城乡之间的要素进行双向流动，形成一种良性互动。因此，我国在城乡关系发展转变的重要时期，一定要认识到城乡协调发展的渐进性，不能只片面重视城市的发展，忽略农村经济发展的需要，同时要遵循城市化与工业化发展的一般规律，尊重城乡关系发展的一般规律，科学合理地调整城乡二元经济社会结构，逐渐缩小城乡差距。

第五章　实现城乡融合存在的
问题及成因

　　自从城市出现以来，城乡关系的发展就备受关注。随着城市化与工业化的快速发展，城市与乡村之间产生了紧密的联系，中国特色城乡关系的协调发展具有其独特性，涉及的范围相对较广，内容较复杂。我国城乡关系的演变是从城乡分离到城乡融合的辩证发展过程。目前，我国已经进入城乡关系转型发展的新阶段，城乡关系的不协调问题突出。正确认识城乡关系的发展问题，同时深入分析城乡关系不协调问题产生的原因，有助于全面建设小康社会实现共同富裕。

第一节　城乡融合发展存在的主要问题

　　自新中国成立 70 年以来，工业化与城镇化得到了快速的发展，我国的经济社会发展呈现出显著的成效，城乡关系也发生了很大的变化。随着城乡一体化的不断推进，农产品的质量得到了提高，农业的生产效率也呈现出上升的趋势，但是城乡之间的差距并没有彻底消除。目前，在城乡融合发展过程中，仍然存在要素配置不合理、基本公共服务不协调、基础设施配置不合理、城乡产业协同发展不顺畅以及城乡居民收入差距大等问题。因此，要树立科学的城乡融合发展理念，通过生产要素、基本公共服务、基础设施以及产业等方面进行全面协调，促进城乡融合发展。

一 城乡要素不能自由地流动

改革开放以后，我国的农业经过了几次调整，但是农村的经济发展仍然处于落后的地位，主要是由于城乡之间生产要素分配不合理，农村人才、资金等要素严重短缺，农村土地所获得的价值远远低于城市土地所产生的价值。首先是人才方面。由于农村各方面条件有限，农村专业人才严重短缺。在户籍制度转变时期，农村大量的人才以及青年劳动力开始转入城市发展。有的人通过参加高考，大学毕业之后主动留在城市生活；部分年轻力壮者通过入伍留在城里；还有一部分有思想、有作为的年轻人进城务工或者经商。而愿意留守在农村的居民主要是年纪大的老人和思想守旧的农民。造成这种现象的主要原因是城里收入高和就业机会多，大部分农村居民愿意主动放弃农业生产，选择进城务工，寻找更多的就业机会，获得更高的收入。因此，产生了越来越多的老人村、空心村。在农村的发展过程中，优秀的领导干部在农村严重缺乏，将直接影响整个农村的经济发展水平，扩大城乡之间的差距。其次是土地方面。目前，我国土地管理制度最主要的矛盾是土地征用的问题。随着人们生活水平的不断提高，建筑用地逐年增加，造成了农村耕地面积不断减少，这种现象严重损害了农民的经济利益。农村居民所获得的征地补偿收益十分低，损害了农村居民的基本利益，同时，失去耕地的农民就没有了获得收入的来源，将限制农村劳动力的从业机会。因此，农村居民不得不转移到城市发展。农村耕地面积的不断减少，造成资源压力紧张，严重影响我国的粮食产量。土地产权制度不够完善加剧了城乡之间的差距，面临土地所有权纠纷时，农民处于十分不利的地位。在土地规划方面，忽略了城乡土地空间布局，导致农村相关产业发展不顺畅。最后是资金方面。公共财政可以有效推动城乡之间的协调发展促进城乡资源要素的合理配置，从而缩小城乡之间的差距。目前，我国城乡财政投入失衡，虽然中央财政已经加大了对农村建设的支持力度，但是由于农村基础比较薄弱，很难在短时间内起到显著的效果。与世界发达国家相比，我国财政用于农业支出的比例还处于偏低的状态，所以制约农村经济发展的障碍还没能得到根本解决。与此同时，我国城乡财政管理体制还存在政府职责不清与权责不明等问题。中央政府与地方政府在权利和责任方面划分不清，一些本应该由中央政府负责的事务却转嫁给了地方政府负责；相反，一些适合地方政府负责的事务，又由中央政府负责，最终导致中央与地方政府职责交叉重叠，重复管理同一项事务，降低了工作的效率。这种不平衡的财政管理制度阻碍了城乡的协调发展，因此，要科学合理地对城乡生产要素进行分配，建立合理的体制机制，促进城乡融合发展。

二 城乡基本公共服务不协调

随着经济社会的发展，人们对物质生活的需求逐渐提高，城乡关系发展的矛盾不断出现。在这种不平衡不充分的发展过程中，我们认识到必须采取一系列措施来防止社会不稳定因素的持续恶化。依照结构功能主义的相关观点，不平衡的社会发展意味着社会各个要素之间的交互作用存在失衡的现象，社会的结构与功能失调将严重制约整个社会的发展。从我国社会的发展格局出发，农村的发展并没有真正占有主要地位。虽然城市居民的社会保障较为完善，但是若忽略农村居民的相关保障，整个国家也不能得到和谐稳定的发展。

城乡基本公共服务不协调主要体现在教育、医疗卫生以及社会保障等多个方面。教育方面，最明显的问题是城乡教育资源配置不均衡，城乡教育的差距大，城市中教师的素质及文化程度要远远高于农村。自新中国成立以来，我国受到长期的城市偏向政策的影响，虽然政府始终重视农村的义务教育，但是农村教育经费的投入仍然处于相对较低的水平，农村的教学设施无法与城市相比较。因此，城乡之间存在教育不公平、机会不公平以及过程不公平等一系列问题。从基础教育到高等教育都有其各自特点，其中基础教育的不公平现象尤为明显。医疗卫生方面，农村的医疗卫生情况远远低于城市，无论是从技术还是从卫生环境等各个方面都存在不足。农村医院的医生整体受教育水平与经验技术都不高，无法与城市相比，这也造成农村居民只要有条件就会想尽办法到城市就医。近几年，农村居民的新型农业合作医疗保险覆盖率高于城市，但是医疗的保障程度却远低于城市，农村居民的医疗费用自付部分仍高于城市。医疗保障方面，建立社会医疗保障目的之一是缩小城乡之间的差距，但是在某种程度上却起到了相反的作用。根据相关的报道，身体健康状况不好的居民反而更加缺少医疗保障资源，承受更大的就医压力。从收入的角度出发，收入相对比较高的居民可以获得更多的医疗补贴，医疗补贴给了相对比较富裕的居民，而不是穷人。[1] 养老等会社保障方面，

---

[1] 王羚：《中国社会不平等趋势扩大：1% 家庭占全国 1/3 财产》，http://business. so-hu.com/20160113/n434412423.shtml，最后访问日期：2022 年 6 月 1 日。

近几年我国的社会保障水平已经取得了较大的进展，但是基本的社会保障重心仍然集中在城镇，农村居民的社会保障体系仍处于相对比较滞后的状态，农村基本的社会保障制度还不完善，农村整体的社会保障水平也偏低，尤其是我国农村社会养老保险制度更加注重的是养老的责任，而不是社会保险，农民最终的养老保障还需要依靠土地和家庭。同时，由于政府的支持力度不够，农村居民的养老基金由农民自己缴纳，造成农民参加养老保险的积极性不高。目前中国的老龄化程度较深，参保的年龄较高，参保的级别相对较低，养老待遇水平整体不高。因此，建立健全的社会保障制度，必须更多关注农村及农民问题，从根本上解决农民最关心的问题，早日实现城乡协调发展。

三 城乡基础设施配置不均衡

自改革开放以来，人们的生活水平得到了很大的提高。截至2018 年底，全国建制村中已有99.5% 的村开通了硬化路、96.5%的村已经开通了客车，95% 的村建设了互联网，但是由于城乡基础设施配置不均衡，农村的基础设施遗留的欠账太多，短板十分明显。[①] 比如在污水处理方面，城市中经过处理的生活污水、工业废水量占污水排放总量的比重达到95%，而农村的处理率仅为22%。在生活垃圾处理方面，城市的生活垃圾处理率几乎达到97%，然而农村的生活垃圾处理率仅达到60%。[②] 总体上看，城市的基础设施取得了一定的成效，随着城市化进程的不断加快，城乡二元结构所带的问题也不断地增多。部分农村地区生产力不

---

① 《中国官方：超过99% 的乡镇和建制村通了硬化路》，https://sdxw.iqilu.com/share/YS0yMS01Mzc1OTU3.html，最后访问日期：2022 年6 月1 日。

② 李君：《农村环保公共品的供给与需求——基于中国农村环境保护政策的实证研究》，博士学位论文，西南财经大学，2011 年3 月。

断下降，经济发展动力不足，使得农村地区的基础设施建设被忽视。虽然我国政府已经增加了对农村基础设施的投入，但是在农村基础设施的供给数量以及质量方面还存在很大的不足，供需结构方面呈现出不均衡现象，农村整体的建设与发展仍处于相对较低的水平。生活用水方面，城市的生活污水下乡问题严重，由于受到历史惯性的作用，地方政府并没有完成上级布置的工作指标，依然以一种"重视经济的发展，忽略环境的保护"的发展思维，导致城乡环境呈现出逐年恶化的现象。随着城市化与工业化的快速发展，我国环境污染治理与防控的工作重心主要集中在城市和工业，通过利用先进的技术将城市的生活污染以及工业污染进行了有效的控制，城市的环境慢慢得到了改善。然而，农村的环境污染问题被忽视，城市的污染又不断地流向农村，又没有及时采取相应的措施进行控制与治理，最终导致农村的环境遭到了严重的破坏，农业的面源污染越来越严重，同时，农业在生产过程中大量使用化肥，严重污染了水环境。由于水资源短缺，国家提倡用污水对农业进行灌溉，但是污水处理水平比较低，在污水灌溉的过程中，造成了不良的后果。工业污水以及城市污水未经过处理或者只进行低水平的处理流入江河，污染水环境的同时，又被灌溉区引用于灌溉，这些污水中所含的大量有害物质将会损坏土壤环境，使耕地质量下降，也将增加土壤中重金属的含量，促进病原菌繁殖，直接危害人们的身体健康。与此同时，城市的居民几乎每家每户都有自来水，但是农村供水设施十分落后，在农村还有很多居民没有享受到自来水的方便，因此饮水安全问题十分突出。生活用电方面，目前，我国有部分偏远山区用电困难，农村的电网存在很多的不确定因素，停电时常发生。主要是农村地区配电设备落后，线路建设存在不规范现象，安全隐患相对比较大，同时，农村在建设开发的过程中一定程度上损坏了电力设施。另外，农村地区配电设施没能得到有效的维护，老化现象比较明显，设备在长期缺陷的状态下运行，使得农村地区供电的可靠性明显降低。道路方面，农村经济长期处于落后的状态，道路的状况也制约着农村经济的发展。我国近几年一直强调要大力发展农村的产业，用城市的工业延长农村的产业，城市与乡村之间的要素要进行有效的互动才能通过城市带动乡村发展。然而城市与乡村之间最直接的联系就是道路，道路状况没能得到改善，很难实现城市与乡村之间的互动。农村要想通过创新产业链提高整体经济，首先就应该改善农村的交通状况，比如开展特色小镇、乡村旅游业，若是交通不便利，一切创新产业都无从发展。与此同时，随着互联网时代的到来，网络的畅通也会带动经济的发展。目前，农村的互联网还没有得到全面的覆盖，这也严重制约了农村经济的进步，电商行业在城镇地区得到了很好的发展，甚至已经影响了实体店的发展。农村的产业要想实现长远发展，必须要通过电商进行推广宣传，才能创造农村自己的品牌。

四 城乡之间产业发展不平衡

城乡之间产业发展不协调将会制约整个经济的发展，我国城乡之间产业布局不合理，致使城乡的产业链脱节，城乡之间产业关系的效应没能得到充分的发挥，新型城镇化建设没有了产业的支撑作用，就会陷入经济困境。因此，应积极利用第二、第三产业的带动作用，促进第一产业建立一种新型的生产经营体系，发挥适度的规模化经营，有效提高了第一产业的生产效率，使得从事农业的投资者与农业的生产者都可以获得公平的经济收入以及社会地位。受历史及其他因素影响，我国的农业基础比较薄弱，农业的现代化进程比较慢，工业迅速发展的同时并没有带动农业技术的改造，根据国际三次产业结构变动规律分析，我国的产业结构布局不合理，产业结构的改善不容迟缓。

改革开放以后，我国的农业经历了几次调整，但是农村的经济发展仍然处于落后的地位。中国作为农业大国，农业是国民经济的基础，农业与农村的发展在我国现代化的发展过程中起到至关重要的作用。目前，我国农业的发展仍受到许多因素的制约，主要原因是中央财政对农业方面的投资不足。虽然国家积极倡导农村成立农民合作社，同时会给予相应的补贴政策，但是由于政府下发的政策补贴资金十分有限，将这些有限的资金分发给众多的农业生产者，最终每位农业生产者所得到的资金很少，对农民合作社起到的作用就很小。因此，资金不足的问题将制约着农村经济的发展。农业始终是弱势产业，受自然条件的影响很大，需要借助政府的扶持，但是我国政府对农村农业的财政投资存在严重不足，阻碍了我国农村经济的可持续发展。与其他发展中国家相比，我国的财政支农资金比重不高，如巴基斯坦、泰国、印度等发展中国家，财政对农业的投入平均占财政总支出的15%左右，远远高于我国的投入水平。由此可见，我国政府在农业方面的投资存在明显不足，从而使农业的发展相对滞后。某些特殊地区农业基础十分薄弱，如海拔落差大的地区、高山陡坡地区等。这些地区的农民在耕种的过程中无法实现农业的现代化，同时土壤、水分和肥料得不到固定，农业产量自然降低，农民无法获得更多的利益，对此政府也并没有全面实施退耕还林计划，缓解区域间农业差距问题。一些人多地少以及人口分布不合理的地区限制了农业的发展。在一些耕地条件较好的地区，如平坝和公路沿线等，人均耕地面积不到半亩。反之，生活在高山地带的农民所拥有的耕地面积相对较多，但是由于耕地环境十分恶劣，无法实现农业的现代化，也十分不利农业的发展。同时由于现代化的农机并没有得到广泛的应用，即使农民付出了更多辛苦的努力，也无法得到更多的回报，只有真正实现农业的现代化，才能改变农民的生活水平。

农村在产业发展的过程中会存在土地流转困难的问题。土地是农民的收入来源，一些农民思想观念陈旧，并不接受改变传统的耕种理念。在经济不发达的农村，由于第二、第三产业相对落后，农民的非农业收入较低，完全依靠土地获得经济来源，在这种视土地为生存之本的情况下，更不愿意转让土地。因此，造成农业产业化水平较低，很难提高农业的生产效率，农民的生活水平普遍不高，无法实现适度的规模经营，农村经济的发展速度受到严重的阻碍。与此同时，城市中的人才不愿意参与农村的建设，城市中先进的技术很难流入农村，愿意留在农村从事农业生产的农民大部分是年纪大的老人，他们的受教育水平普遍不高，文化水平较低，对市场的相关知识缺乏了解，接受新思想与先进技术的速度十分慢，使得农业实现现代化较为困难。政府对农业科技的投入也存在不足，现代农业推广体系不健全，农业机械化宣传力度不足等一系列问题制约着我国农业与第二、第三产业的融合发展，融合程度低会影响产业链的发展。

五　城乡收入分配格局不合理

综观城乡关系的发展历程，虽然国家不断强调重视农村的经济，改善农民的收入状况，但是农村居民的收入始终不能与城市居民的收入相比。目前我国正在实施统一的居民户口，但是农村居民与城市居民享有的社会公共服务还有很大差距，尤其在城乡教育、城乡医疗以及社会保障方面还存在很多不平等现象。2020年农民年收入最高的上海为 34911 元，最低的甘肃为 10344 元，二者比值为 1：3.38。广东作为经济发达地区，2020 年的城乡居民收入比值为 1：2.5，省内最富地区农民收入为最低地区的 3 倍[①]，不平衡现象十分突出。因此，我国户籍制度只提高了城镇人口的户籍化率，但市民化率并没有得到提升。同时我国受到经济下行的压力，影响农村居民收入的因素增多，收入的分配矛盾问题也增多，所以要想协调城乡之间的收入格局，应该加大重视"三农"问题，注重对农业、农村与农民的扶持，从根本上解决农民最关心的问题，让农民切身地感受到国家发展带来的改变，整体提高农民的生活质量，提高农民的收入水平。

从宏观角度出发，城乡居民的收入分配不合理主要体现在三个方面，一是政府、企业以及城乡居民在收入分配中所占的比重不合理。根据相关数据得知，[②] 近几年，我国企业在收入分配中所占比重逐年下降，政府在收入分配中所占比重呈现出上升的趋势，城乡居民在收入分配中所占比重出现微弱的增长。[③] 二是劳动报酬占收入分配总收入的比重不合理。依照国际经验分析，世界大部分国家的劳动报酬占收入分配的比重是在 55% 到 65% 之内，[④] 然而我国城乡居民的劳动者报酬占收入分配的比重处于偏低的水平，约占 51%。三是城乡居民的工资增长率与劳动生产率不同步，工资增长率和劳动生产率之间的关系是相辅相成

---

① 中华人民共和国国家统计局《中国统计年鉴 2012》，中国统计出版社，2012。
② 中华人民共和国国家统计局《中国统计年鉴 2012》，中国统计出版社，2012。
③ 朱高林、邢立维：《新常态下我国居民收入分配格局的新变化》，《上海经济研究》2016 年第 11 期。
④ 罗长元、张军：《经济发展中的劳动收入占比：基于中国产业数据的实证研究》，《中国社会科学》2009 年第 4 期。

的，并且工资增长率与劳动生产率只有保持在合理的区间内，才能实现健康的增长。若是劳动生产率的增长速度高于工资增长率，那么劳动者的收入就会偏低，从而影响城乡居民的消费，最终影响我国经济的可持续增长。若是劳动生产率的增长速度低于工资增长率，就会呈现出劳动者的工资占企业利润的比重增大，造成企业的投资出现困难，市场需求不断扩大之后出现通货膨胀，严重也会影响我国经济的增长。[①] 综观历史的发展，我国大多数行业的工资增长的速度要远远低于劳动生产率的速度，最终造成城乡居民收入增长十分缓慢。目前，造成城乡收入分配格局不合理是由于政府、企业以及城乡居民之间没有形成一种合理的利益分配机制。同时价值分配更加偏向于资本，在城乡二元经济结构背景下，农村剩余的劳动力为城市的工业提供了充足的劳动力，这些劳动力的技能大部分属于中低端的水平，使得劳动者的工资相对较低。在市场竞争的影响下，这些分散的劳动力处于弱势地位。为了利益最大化，部分企业通过引导或者强迫使劳动者接受不合理的条件，损害了劳动者基本的合法权益，尤其是进城务工的农民没能享受到与城市居民同等的权益。

第二节　中国城乡关系发展问题的成因

城乡关系发展不协调的主要问题是城乡要素不能自由流动、城乡之间公共服务、基础设施投入不均衡，同时城乡产业不能协同发展，拉大了城乡居民的收入差距。造成这些问题的主要原因是我们对于城乡融合发展理念认识不足，同时受到历史遗留下来

---

① 刘鹏飞、李莹：《劳动生产率与工资增长——基于巴萨效应的分析》，《财经科学》2016年第 12 期。

的城乡二元制度因素的制约。在城乡关系发展的过程中，城乡的体制机制等因素影响城乡融合发展。

一　城乡融合发展理念认识不足

面对当前城乡关系的发展，我国存在两种不同的观点，[①] 一种是以城市为中心，认为城乡融合发展主要依靠城市发展来带动，城市具备先进的生产力，农村经济发展十分落后，只有将城镇化水平提高，才能促进大量的农村居民转移到城市，农业农村农民的问题也就得到了解决。利用"非农化"来消除城乡二元经济结构特征，并且通过城市来逐渐改造农村，利用城市的发展理念来指导农村的规划建设，这种以城市为中心的发展思想违背了城乡融合的发展理念。另一种观点认为，要想解决"三农"问题，破除城乡二元经济结构特征，就应该从农村抓起，集中火力单独发展农村，使得农村的经济发展达到城市的水平，城乡之间的差距就会缩小。这两种观点都是对城乡融合发展理念认识不足造成的，城乡融合发展重点强调的城市与农村在各自领域发挥自身的价值与功能，在保持各自特色的同时，充分实现相互促进的作用，最终使城市与农村协调发展。

自新中国成立以来，我国城乡之间的差距有了缩小的趋势。新中国成立初期，为了抵抗复杂的国际形势，保卫国家的安全，摆脱贫穷落后的生活面貌，我国按照苏联的发展模式发展，试图以较快速度发展工业。然而要想完成快速的工业化，根据马克思的原始积累理论，我们需要用最快的速度进行原始积累，采取重工业优先发展的战略思想，依靠农业进行积累，也就是通过工农

---

① 刘磊：《城乡关系视野下中国农村土地制度改革的道路选择》，《南京农业大学学报》2015 年第 6 期。

业产品进行不等价交换，利用农村农业的剩余来扶持工业发展所需要的资本。由于我国工业部门自身基础比较薄弱，资金方面十分匮乏，外部的资金获取又比较困难，我国工业的资金只能依靠国内的积累来获得。为了满足工业的扩大再生产所需要的大量资本，我国采取了高积累、低消费的模式。同时实施农村农业服务城市工业、农村哺育城市等一系列以牺牲农村农业为主的措施。这种高度集中的计划经济体制抑制了农村发展的内在动力，城市与农村之间缺乏良性的互动，只是单方向利用农村为城市提供资源要素，城市的工业部门在提供就业岗位以及生产资料等方面对农业的支持力度明显不足。此外，这种发展战略的实施最大限度地降低了社会的消费，并且尽可能地减少对非生产性建设项目的资金投入，比如城乡的公共服务、基础设施、教育、医疗卫生等，而将有限的资金优先投到重工业。从历史的角度出发，这种人为推动的发展战略，通过国家进行统一调配资源要素来降低重工业发展的成本的方式取得了一定的成效，保证了国家发展过程中实现快速工业化所需要的大量资本积累以及其他的资源供给。

在大力进行现代化建设的同时，全国开始实施重工业优先发展战略。在我国国民收入水平整体偏低的情况上，利用很短的时间达到了较高的工业化水平，在工业资本的积累、军事工业与航天工业和国家安全等方面取得了较大的成功，增强了我国的综合国力，同时建立起了相对独立完整的民族工业体系。这种工业发展是以牺牲农村与农民利益为代价而获取的，这种以城市的发展为依托，以工业产出最大化为目的，实质上是采取以城市为重心的偏向发展战略。这种发展战略并没有使经济社会的结构得到很好的优化，城市与乡村之间的差距也越来越大。一是在我国这种物质基础比较薄弱的国家，在追求快速的工业化发展的过程中，对城市的投入过多，而对农村的投入过少，甚至城市剥削农村，这种情况就会造成农村发展比较滞后，农业的基础设施落后，同时农业的生产效率不高。农业生产的粮食与农产品不仅仅要满足自身的需求，还要大量提供给城市，使得农副产品长期处于供不应求的状态，农业生产又处于低速增长的状态，农村居民的生活水平很难得到质的改变。二是由于我国的重工业是资本相对比较密集的产业，对劳动力的吸收能力比较弱，但是对资金的需求量很大，这与当时我国劳动力富裕而资本十分稀缺的现状发生了矛盾，同时限制了农村剩余的劳动力转移到非农产业。在城市快速发展的过程中，党中央采取了以城市为重心的发展战略，通过相关政策来限制农村的发展，尤其是限制农村人口向城市的转移，控制城市人口的增长速度。在城乡的就业问题上，城市居民的就业实施的是统包统分，城市居民不会有就业的压力，这样一定程度上缓解了城市居民的经济负担，而农村居民的就业只能通过自己的努力来解决，自然加剧了农村居民的就业压力。在这种战略思想的引导下，我国工业化得到了迅速的发展，用了短短几十年的时间就完成了其他西方国家需要几百年时间才能实现的工业化。然而这种重工业优先发展战略以及以城市为重心的城市偏向战略并不完全适合我国这种人多地少，农业人口居多的国家，农业和农村发展资源十分短缺，自然会加剧城市与农村、工业与农业之间的矛盾，城乡二元结构特征也会愈加凸显。

从发展经济学的角度分析，经济的增长强调的是给予居民更加丰富的经济产品的能力不断地上升，而经济的发展强调的是居民整体获得福利的增长过程，不仅仅强调财富的增长，还注重居民生活质的变化，也就是经济与社会结构的改变，投入产出效率的提高以及人们生活水平得到了质的改变。① 我国长期以来实行以增长为导向的发展战略，城乡之间的分离具有历史的必然性。随着发展战略的不断优化，我国开始逐渐地重视"三农"问题，提出了城乡融合的思想。

二　城乡二元制度因素的制约

为适应工业化与城市化发展所需要的资源要素，我国建立了一套相对比较严密的体制机制和政策体系。一是国家对有限的资源进行控制和管理，各级政府依照国家的相关规定对有限的资源进行优化配置。与此同时，我国受到长期的城市偏向政策以及优先发展重工业的影响，城市与乡村之间的差距不断扩大，为了缓解城乡之间的不协调状态，我国出台了一系列政策措施来协调城乡之间的关系。自新中国成立至今，我国农村的经济体制得到了改善，随着社会主义市场经济体制的逐步确立，城乡的市场也逐渐得到了开放，限制资源流动的因素在慢慢地减少，但是农村长期的从属地位并没有得到根本的改变，在城乡要素资源交换的过程中仍然处于弱势地位。农村的资源过多地流向城市，而城市的资源很少流向农村，城乡之间的要素没有进行双向自由流动。二是城乡人口流动的制度障碍。城乡户籍管理制度将城市居民与农村居民严格地区分开来，劳动用工制度限制了农村居民的迁移，使得过多的劳动力只能留在农村。二元户籍制度将城乡居民分离开，造成了两种不同的身份，使得城乡居民不能享受到同等的社会待遇，如公共服务、基础设施等。这些问题都加剧了城乡之间的差距，虽然我国取消了农业户口与非农业户口，但是仅仅是取

---

① 金成武：《中国城乡融合发展与理论融合——兼谈当代发展经济学理论的批判借鉴》，《经济研究》2019 年第 8 期。

消了城市与农村居民身份的差别，并没有改变城市与农村居民的户籍性质区别，比如城市居民所享有的各种福利待遇，农村居民并没有得到同等的户籍制度改革的配套福利。由于没有城市的户籍，农村居民在教育、医疗、社会保障等方面都没有享受到同等的待遇，这些现象都加剧了城乡之间的差距。三是城乡二元的土地制度。根据我国相关宪法的规定，城市中的土地归国家所有，农村中的土地归集体所有。我国城市与农村的土地改革思路不同，农村土地制度改革的出发点是包产到户和土地承包，然而城市的土地制度改革是以土地的有偿使用为起点。城乡不同的土地权利制度造成了城市与乡村土地权利的不平等，这种权力的不平等主要是由于城乡土地法律地位的不平等、使用权利的不平等以及收益权的不平等造成的，这些问题都加剧了土地征收中的矛盾。同时，城乡二元分治的土地管理模式使得同是土地公有制，但是城市与农村的土地不能实现同地、同权、同价，农村居民不能同等地享受到城乡关系发展过程中带来的成果，反而是收入受到抑制。相关资料表明，自然资源的富裕程度每增加 1%。城乡居民的收入差距就会扩大 0.85%。[①] 我国的耕地面积远远低于世界的平均水平，由于受到自然灾害与农业结构调整的影响，我国的耕地面积呈现出逐年下降的趋势。农民从事农业劳动的收入占农村居民总收入的比重也呈现出下降的趋势。根据我国国土资源局的报告可知，截至 2016 年末，我国的耕地面积是 134956.6 千公顷，在一年之内我国的耕地面积就减少了 43.4 千公顷。[②] 这种耕地面积的刚性减少，在一定程度上影响了农业的发展，加大了

[①] 宣春艳、余晶、刘永在、陈丽丽：《自然资源禀赋与城乡收入差距研究——以内蒙古为例》，《内蒙古大学学报》（哲学社会科学版）2011 年第 6 期。

[②] 《2016 中国国土资源公报发布》，http://www.gov.cn/xinwen/2017 – 05/04/content_5190904.htm，最后访问日期：2022 年 6 月 4 日。

城乡之间的差距。四是严格的统购统销制度。公共服务的供给以及生产要素的配置偏向城市，我国自 1953 年开始实施农产品的统购统销政策，国家以低于市场价格的标准来收购农副产品，确保城市居民的基本粮食需求，降低了工业部门的生活成本。20 世纪50 年代实施的人民公社制度严重地削弱了农民生产的积极主动性，工农产品价格"剪刀差"的制度抑制了农业的发展。五是城乡有别的社会保障制度。我国是农业人口居多的国家，但是社会中大部分的福利却没有分发到从事农业劳动的居民身上，反而将大部分的福利分发到城市居民身上，使得农村居民很难享受到完善的教育、医疗卫生、养老等社会保障，这种资源分配的不合理，造成了农村居民这种弱势群体生活越来越困难，城乡之间的差距也越来越大。

三 城乡利益分配机制的影响

改革开放以来，随着农村经济体制的不断改革与社会主义市场经济体制的逐步确立，城乡市场慢慢地开放，资源要素限制也逐步放宽，但是农村的资源过多地流向了城市，而城市的资源向农村流入得比较少，农村在城乡资源要素交换中的弱势地位并没有得到根本的改变。[①] 城乡社会关系涉及多个方面，主要体现在城乡基本公共服务方面。[②] 政府在缺位的情况下，城乡的基本公共服务资源不均衡日益的凸显。同时，政府是为配置和分配社会公共资源而专门成立的一种组织，是提供公共服务的行为主体。在政府在配置社会公共资源的过程中，不能充分的获得群众的意愿，呈现出一种被动消费的现象。[③] 在城乡融合的进程中，部分

---

① 龙花楼、屠爽爽：《土地利用转型与乡村振兴》，《中国土地科学》2018 年第 7 期。
② 陈爱川：《新常态下的城乡发展一体化研究》，《经济研究导刊》2017 年第 4 期。
③ 赵宝廷、付连捷：《城乡公共服务均等化过程中的政府行为研究》，《内蒙古社会科学》，2014 年第 1 期。

农村地区缺乏获取现代化信息的渠道，造成农村居民参与农村公共服务事业的积极性不高，对公共服务机制的制定缺乏监督。同时，城市与乡村居民需求的增长也存在一定的差异，基本公共服务的需求随着人们生活水平的提高而提高，城乡居民对教育、医疗、社会保障等方面的需求也不断增加，比如选择教师资源较好的学校上学，选择医疗资源雄厚的医院就医，选择社会保障比较完善的地区居住等。但是这些基本公共服务的实际需求都会受到每个人的文化素质、家庭条件以及获得资源的渠道所影响，由此产生城乡之间各种差距。随着生活水平的提高，人们对生活品质也有了更高的要求，这也体现在对生活质量相关的基本公共服务的需求的增长。目前，城乡之间供求关系不平衡，基本公共服务不能合理分配很多居民不能对基本的公共服务做出合理的选择。我国存在教育不公平、医疗卫生供给不足以及社会保障不完善的问题，其原因是我国长期不合理的财政分配制度。长期的二元经济结构导致农村的基本公共服务供给严重匮乏，教育、医疗和社会保障等财政的相关补贴力度偏向于城市，农村居民的需求未能得到满足。[①] 农村专业人才的匮乏也阻碍城乡公共服务的协调，农村人才培养的模式还不够完善，缺乏基本公共服务专业人才队伍的科学规划，人才流失严重。此外，共享技术水平不高，一些偏远的农村，城乡基本公共服务共享平台还没有实现全面覆盖。

农村的基础设施建设工作的资金来源于政府的补贴，政府与居民的供需关系协调的不好，使得政府的补贴不能有效地改善居民的生活状况。同时资金的投入更倾向于投放到经济效益回报率高的地方，而农村基础设施的投入回报率极低，这些因素都导致

---

① 许坤：《城乡二元结构下农村公共产品供给不足问题及对策》，《中国集体经济》2010年第4期。

农村基础设施出现匮乏。① 中央财政对农村农业的资金支持由多个政府部门进行管理，有限的资金不能得到集中的利用，很多支农的项目很难开展，因此，农村的基础设施的建设工作很难得到满足，同时社会集资的机制还不完善，一些商业银行为了避免风险，对于农村这种基础设施投资周期长、投资数额大，而且回报率极低的项目采取拒贷的态度。除此之外，为了稳定经营，商业银行对于农村基础设施建设的项目设立了严格的贷款审查程序，达不到对应金融机构的审查标准，资金审批很难通过。② 一些主要用于协助农村经济发展的农村商业银行等各种金融机构，由于存在区域特征，这些商业银行吸收存款以及贷款的发放主要依靠地方、面向地方，很难覆盖其他地区。同时，我国对私有资产投资公共产品项目的激励机制还没有建立，这也会影响民间投资农村基础设施建设的主动性。从制度角度出发，目前我国城乡基础设施的体制机制没有实现一体化，对于城乡的供水、供电、道路以及网络等基础设施没有实现一体化规划，一体化建设以及一体化管理。农村具有相对分散的特点，基础设施建立后的长期运行以及养护成本比较高，这也是长期以来农村基础设施落后的原因。农村集体投资制度还存在不足，农民对农村基础设施的投资动力和能力匮乏。虽然农村集体投资也是农村基础设施资金的主要来源，但是由于农村本身的经济发展还比较落后，农村居民自己的生活还存在一定的困难，很难将资金用于农村集体经济。此外，这种集体投资需要村民代表大会讨论，目前农村居民的收入主要由农业生产和外出打工来获得，而长期居住在农村的居民普

---

① 张晓山：《政府要承担缩小城乡公共服务差距的主体责任》，《农村工作通讯》2019 年第 4 期。

② 郭焕书、陈丽芹：《我国农村基础设施建设的融资难题及其破解》，《兰州学刊》2012 年第 9 期。

遍是老人和从事农业生产的劳动者，不仅仅会议很难召开，而且这些长期居住在农村的居民的资金仅能满足基本的生存需要，很难拿出闲余资金用于农村基础设施的建设。

我国农业产业融合发展离不开协调高效的运行机制，农业产业的发展涉及的领域十分广，各个部门交叉在一起，贯穿整个农业的生产前期、生产中期以及生产后期的经营管理。农业管理的体制融合性不强，甚至存在交叉管理的现象，比如在农产品的投资管理与流通管理方面就涉及十几个部门，这些部门都有其各自的规定，在办理的过程中各个部门只是单纯地执行本部门的职责，[①] 使得农民要付出更高的成本和经历，效率却很低，这种问题制约着农村产业的融合发展。同时，农业产业的利润分配制度也存在一定的问题，农业实现产业融合，其目的就是增加农民的收入，提高农民的生活质量，改善农村的生活环境，使农民可以获得更多的就业机会，利用产业融合造福于农村。但是在我国农村产业融合发展过程中，企业的发展优势要远远高于农民，资本投到农业领域之后，企业将生产加工流通过程中的利润全部带走，农民从中只获得其中小部分利益。因此，利益分配机制的不合理将制约农村产业的融合发展，阻碍农村居民收入的增加。

总之，城乡之间的教育、医疗、公共服务、基础设施以及产业等各个方面之间的协调发展，有助于城市与乡村之间相关要素的自由流动，实现资源共享。政府应更加关注农村与农业的发展，重视农民的社会保障问题，通过积极有效的方式，从根本上改善农村的弱势地位，最终实现城乡融合发展。

---

① 牛应芳：《我国农业经济管理存在的问题及对策》，《乡村科技》2020 年第 30 期。

第六章 破除城乡二元结构实现
城乡融合的路径选择

城乡关系的协调发展应依照马克思主义城乡关系理论为指导，通过分析其他发达国家的城乡关系发展的一般规律，总结并分析中国特色的城乡关系，即从二元结构到城乡融合演变过程的实践经验，根据我国新时代经济社会发展的特点以及社会发展过程中所面临的问题，做出一个科学合理的选择。要想实现城乡关系的协调发展，必须树立科学的城乡融合发展理念，促进城乡之间要素的自由流动，并建立健全的公共服务、基础设施，构建城乡产业协同发展机制，优化城乡收入分配格局，缩小城乡之间的差距。

第一节 树立科学的城乡融合发展理念

树立科学的城乡融合发展理念，要彻底根除以城市为中心的认识，不能只发展城市，不发展农村，最终导致城乡之间的差距越来越大。因此，树立城乡融合的发展理念，通过建立健全的城乡融合体制机制，逐步实现城乡要素配置的合理化，城乡公共服务与基础设施的均等化，城乡产业的融合化。

一 充分认识城乡融合发展的时代价值

城乡融合发展是破除城乡二元经济结构特征的重要举措。"城乡关系一经改变，整个社会的发展也就随之改变。"① "三农"的问题一直以来备受人们的关注，也是我们全党工作的重要部分。促进城市与乡村协调发展，实现全体人民的共同富裕。随着改革开放的不断推进，中共中央十分重视城乡关系的问题，2004年至2022年又连续19年发布以"三农"问题为主题的中央一号文件，强调了"三农"问题在中国社会主义现代化建设中重中之重的地位。在党的十六大提出城乡统筹发展，在党的十七大提出城乡一体化，到党的十九大提出城乡融合发展。当今正处于百年未有之大变局，如何处理好城乡关系问题，破除城乡二元经济结构十分重要。新时代，构建新型城乡关系，健全农村基础设施的建设，加快农村农业的产业升级，保障农民基本的合法权益。目前，我国工业发展已经位居世界前列水平，然而农业的发展却远远地落后于其他国家。随着经济的飞速发展，人民的生活水平也得到了提高，人民更加注重公平性，因此，破除城乡二元经济结构的特征，促进城市与乡村之间的协调发展。

城乡融合发展是推进乡村振兴战略的重要手段。农业作为基础产业，关系到我国约14亿人口的基本生活保障，关系到国家的长治久安。乡村振兴战略是党中央站在全局的角度，把握中国式现代化的建设规律、又基于我国的国情和时代特征做出的重要的战略部署，城乡融合发展是实现乡村振兴的主要途径。通过完善

---

① 《马克思恩格斯文集》（第1卷），北京：人民出版社，2009：618。

体制机制，改变生产要素之间的单向流动的局面，构建新型的城乡关系。树立科学的城乡融合发展理念，建立健全城乡要素合理配置，统筹城乡公共服务普惠共享，加快城乡基础设施互联互通，同时构建城乡产业协同发展机制等。城乡融合发展更加注重强调城市与乡村之间发展的协调性，要想解决好"三农"问题要注重城市的力量，建立城市与乡村之间的有机联系，在推进城镇化的过程中实施乡村振兴战略，走一条适合中国国情的城乡融合发展道路，也为全球的城乡融合发展贡献中国力量和中国方案。

城乡融合发展为实现全体人民的共同富裕提供动力。实现共同富裕是全国人民的共同心愿，也是社会主义的本质特征，城乡融合是实现共同富裕的条件和基础，破除城乡二元经济结构、促进城乡融合是推动人的自由全面发展的条件，要想实现共同富裕需要城乡居民共同的努力。党的十八大以来，习近平总书记十分关注城乡之间的关系问题，秉承着人民至上的价值理念，走到基层区了解城乡融合的发展现状，强调了城乡融合的发展促进共同富裕的现实可行性。改变传统的产业发展的观念，转向追求高质量和公平导向的产业发展，促进城乡一二三产业结构的优化，推动农业的现代化发展。建立健全的城乡融合发展体制机制，促进城乡基本公共服务的均等化，促进有限的社会财富在城乡之间公平的分配，从而缩小城乡之间的差距，在推动城乡融合的发展过程中扎实推进全体人民的共同富裕。

二　合理选择城乡融合发展方向

生态环境以及资源的占有情况也是决定一个国家或者地区的经济结构与产业结构发展好坏的重要因素，自然资源一定程度上影响了人们的生产方式与生活方式。城市与乡村的产生与发展离不开对自然资源的开发与利用。早期的城市发展会选择地势比较平坦、交通便利、温度比较适宜，同时自然资源比较丰富的地方生存。工业革命以后逐渐发展起来的城市也是处于交通便利、自然资源丰富的地区。我国是一个地广物博的国家，城乡之间的自然条件存在很大差别。经济发达的城市自然资源相对比较丰富，人口相对比较密集，而相对比较贫穷的地区地理位置比较偏远，气候不适宜居住，地势不够平坦，交通运输非常不便，人口分布比较疏散。相关资料显示，自然资源的富裕程度每增加 1%。城乡居民的收入差距就会扩大 0.85%。[①] 因此，我国各个地区的经济发展水平不同，实现城乡融合发展的难易程度也就不一样，我们要因地制宜，合理选择城乡融合的发展方向。

一是乡村与城市融合。某些地区存在城中村与城边村，这些地区的农民只是因为可以获得一些集体资产分配或者拆迁变现等原因而继续保留农村户口，而这些村落的大部分土地都已转化为非农建设用地。这些地区的土地具有很大的升值空间，可以通过商业化的包装改造成资产，并不需要政府给予很大的资金支持，就可以让农村居民享受到与城市居民同等的公共服务和基础设施等，这些地区的城乡差距小，实现城乡融合发展比较容易。

二是城市与乡村互动。由于具有丰富的自然资源，部分农村的经济状况比较好，这些地区的农村居民受到城市的影响较大，也就具备了城乡之间要素自由流动的条件。只要政府进行适度的引导就可以吸引社会资本参与到农村的建设中来，城市中的技术、人才也会慢慢地转移到农村，农村居民就可以享受到与城市

---

① 宣春艳、余晶、刘永在、陈丽丽：《自然资源禀赋与城乡收入差距研究——以内蒙古为例》，《内蒙古大学学报》（哲学社会科学版）2011 年第 6 期。

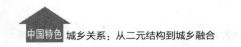

居民同等的公共服务和基础设施。因此，这些地区的城乡居民可以通过互利互惠实现城乡融合发展。

三是城市带动农村。我国有相当一部分农村地区经济发展水平较低，这些地区的年轻居民一般会选择进城务工，愿意留在农村的居民多数是体弱多病，年龄较大的老人，他们的主要收入来源是子女打工获得的收入。这些地区的内生发展动力欠缺，仅仅依靠市场的调节作用很难实现城市中的要素流入到农村，因为社会资本不愿将资金投入到回报率低、周期长的建设项目上。因此，这些地区既需要政府的支持，又需要城市的带动，依赖行政手段将城市中的要素转移到农村，加强农村经济的建设，促进城乡融合发展。因此，实现城乡融合，不能要求各地标准一致，而是应该根据各个地区的客观条件，分类推行，因地施策，正确科学地领悟城乡融合发展理念。

第二节　建立健全城乡要素合理配置机制

我国的"三农"问题始终制约着我国经济的发展，原因是在城乡二元经济结构作用下，城市的要素不能很好地向农村流动，导致城乡之间没能形成人才、土地、资金的良性循环，要想解决这一难题，必须建立有利于城乡要素自由流动的体制机制，促进各类要素更多地流入农村。

一　建立城市人才下乡鼓励机制

要想实现城乡之间要素的自由流动，既要促进城乡人口双向自由流动，又要积极鼓励人才下乡创业，改变农村的经济面貌。

一方面是鼓励城市人才投身农村建设。农村的建设需要各类人才的大力支持，鼓励和引导农业技术、市场、营销等领域人才进入农村，国家也应该通过一系列的政策补贴吸引各类人才到农村创业，为农村经济社会的发展提供支持。社会各界可以通过资金参股与合作等方式，参与农村建设，促进农村的服务业、流通业以及乡村旅游业等各种新兴产业的发展。实施税收优惠政策，吸引更多的高校毕业生来到农村进行创业，扩宽农村的投资渠道，促进农村产业的发展。推进互联网与电子商务等现代化的科学技术与农业相结合，改变传统的农业销售方式，扩大农业的销售渠道，提高农村的经济效益。重点抓好农村在发展过程中的教育、医疗、文化以及律师等各个领域的人才培养。积极鼓励城市退休的科技人才与医疗人才来到农村进行指导，同时定期开展城市人才下乡的活动，比如引导城市的医生、教师、科技人员以及文艺工作者定期参加乡村服务活动。进一步深化和开展科技特派员、扶贫志愿者行动计划以及"三支一扶"等各种支农活动，通过提高待遇、政策引导鼓励高校毕业生或创业者到乡村工作。

利用政策扶持吸引更多的退休干部或者乡贤进入农村参加乡村建设工作。城市中很多退休的干部身体健康、精力充肺，同时具有一定的经济实力，愿意改变乡村面貌。目前，我国农村的留守老人占据大部分，很多青年都选择进城务工。因此，可以通过吸引这些人返乡创业，支持他们通过建立家庭农场、合作社等各种形式回乡创业，充分发挥其作用。虽然我国的乡村志愿者整体素质不高，但是他们都是最具潜力的人才资源，积极鼓励家乡的志愿者为农村贡献一份力量。总之，我们可以通过一系列政策的扶持，吸引更多的创业者进入农村，加强农村的基础设施建设。将互联网、先进的科技与农业相结合，提升农村农业生产的效率，充分利用乡村自身的特点，创新农村产业发展，改变农村的整体面貌。同时营造一种良好的生态环境，让环境吸引人、留住人，让美丽的生态环境可以吸引更多的人来到乡村旅游、养老。鼓励社会各界人士参与乡村建设，全面改善乡村的整体面貌，充分展现乡村的独特魅力。城乡融合发展，并不是将城市与乡村建造成一种模样，而是要让城市和乡村各自发挥其优势，共同繁荣、共同进步。另一方面是加强人才队伍的培养，留住人才。要想改变传统的农业生产方式，就要加强专业人才队伍的培养。虽然在 2017 年我国提出新型职业农民，但是对于职业农民的认识还存在很多不足，农民并没有改变传统的观念。因此，要加强职业农民的培育力度，全力培养一批具有先进科学技术和全新的营销方式的新型职业农民。培养乡村专业人才队伍，可以借助各大高校以及科研院所的力量，加强农村教师、农村技术人员、服务人员以及销售人员等各种专业人才的培养。与此同时，通过相应的配套优惠政策鼓励高校毕业生到农村进行实践，培养一批爱农业、懂技术的专业人才，政府也应积极鼓励科研人员或者企业单位人员来到乡村进行工作指导，如农村职业经理人、乡村工匠等等，通过兼职或者创业等方式加强乡村的活力，充分发挥农村专业人才队伍的科技带动作用。引导农村的科技人才利用先进的科学技术，参与农村项目的投资，对农技进行大力推广，促进农村产业的发展，用科技引领乡村发展，改善乡村的面貌。

二　建立城乡统一的土地管理制度

土地是影响城乡关系最活跃的生产要素之一。目前，我国农村的土地归集体所有，而城市的土地归国家所有，国有土地的使用权可以在市场上进行自由流转，而集体土地使用权则不能在市场上进行自由流转，只能通过政府征用的形式进入市场。我国土地制度的基本特征是城乡二元的土地制度和资源配置方式，城乡土地二元分治管理体制以及土地增值收益，造成城乡分配的不公。① 城乡二元土地制度的改革，应坚持公有制性质不变、以不破坏耕地红线、不损坏农民利益为出发点，建立权利平等公平的城乡土地制度，推动城乡共同发展。

首先，建立健全农村集体土地权力体系。赋予农民集体土地与城市国有土地相同的权利，以实现国有土地与农村集体土地同地同价，土地不能因土地形式不同而具有不同的权能。同时构建公平的农地市场准入机制，利用市场的调节作用完善土地的产权制度，改善城乡二元经济结构特征。我国农村的集体土地由国家控制和管理，农民无权对土地进行出让，要想将农村集体土地在市场上进行出让，就必须由政府统一收取为建设用地，这种方式违背了市场的公平公正的原则，同时也对农村耕地造成一定的损失。所以，应该完善我国农村集体经营性建设用地的市场准入标准与机制，规范市场的交易规则。党的十八届三中全会以来，我国开始大力推进农村土地制度改革，并在《中共中央关于全面深化改革若干重大问题的决定》中提出，建立城乡统一的建设用地市场。② 同时对各个环节进行严格的监督和管理，建立农村集体土地与城市国有土地同等入市、同等权利和价格的公平机制。目前，农村土地征收矛盾已影响城乡社会的稳定。由于城乡土地增值收益分配机制不合理，农民享有的土地增值收益比重较低。应建立健全土地增值收益分配的相关制度，科学合理地提高农民在

---

① 刘守英：《中国城乡二元土地制度的特征、问题与改革》，《国际经济评论》2014 年第 3 期。

② 张云华：《论城乡二元土地制度的融合》，《发展研究》2019 年第 6 期。

土地增值收益中的分配比例，保障农民合法的土地权益，提高农民参与土地改革的积极性。其次，完善农村土地征收制度，严格规定征收范围，对土地的征用过程进行严格审查，确保土地的公共利益得到保障。将公共利益的实体界定与程序界定进行有机结合，严格抵制以非公共利益为目的的征地行为，并通过法律法规保障农村土地征收的合理性。目前，我国现行的土地征收制度还存在很多问题，例如，关于缩小征地范围[1]和土地征收程序问题[2]，土地征收补偿问题[3]等，阻碍了农村经济的快速发展。规范征地程序，一方面通过法律健全征地纠纷处理协调机制，增加透明度，保障农民的知情权和参与权，提高农民参与的积极性；另一方面是加强对政府征地权的控制，建立征地审批责任制，对违规的审批行为要严格追究法律责任。现行的征地补偿政策范围有限，应建立科学合理的征地补偿制度，完善征地补偿价格机制，实现同地同价，保障农民的合法收益。最后是建立健全农地承包权有偿退出机制。农地承包权有偿退出的根本目的在于更好地解决农民市民化过程中出现的问题。一是要明确承包权有偿退出的条件。农地承包权退出过程逐步规范化后，农民就能以自己的意愿来决定是否退出。二是要逐步完善对承包权有偿退出的补偿。承包地具有一定的财产价值和社会保障价值，同时也是农民获得收入的主要来源，退出农地承包权也就意味着农民将会失去其生产生存最根本的保障。因此，完善承包权有偿退出机制，可以提高农民的基本生活保障，使农民可以获得更多的幸福感。首要问题就是明确其补偿原则，在补偿工作的实施过程中应遵循公平公

---

① 王洪平：《有效缩小征地范围的制度机制探索》，《烟台大学学报》（哲学社会科学版）2015 年第 4 期。

② 高飞：《集体土地征收程序的法理反思与制度重构》，《云南社会科学》2018 年第 1 期。

③ 申建平：《对农村集体土地征收补偿范围的反思》，《比较法研究》2013 年第 2 期。

正以及可持续发展的原则。并且要制定科学合理的补偿标准，应以所在地区的经济、社会等各种条件综合确定合理的补偿金额。同时建立多元化的补偿体系，不只是单一的一次性补偿，而是更加注重退地之后的保障问题，做到分层次的补偿，为农民提供充足的保障。对于补偿金的来源，也要进行多方筹措，以政府为主导，将政府、村集体、承包者以及金融机构有机统一，确保补偿金的落实，确保退地工作长期稳定有序地运行。与此同时，健全承包权有偿退出的保障。建立科学合理的社会保障或保险制度，使农民在退地的过程中实现真正意义上的市民化。探索建立有效的农民退休制度，将土地福利保障转化为社会福利的保障，降低农民的不安情绪。退地的农民大部分进入城市居住和就业，为了避免出现就业难的问题，需要对农民进行指导和培训，从而提高农民的就业能力，降低农民的生活风险。同时，也要落实退地农民子女的就业和住房问题，为退地农民解决生活上的难题，使农村居民可以享受到与城市居民同等的待遇和机会，为促进城乡融合奠定坚实的基础。

三　建立城乡统一的财政管理制度

公共财政作为促进城乡协调发展的重要保障，在新时代城乡关系的发展中，要想实现城乡之间的协调发展，不仅需要公共财政加大对"三农"的支持力度，加快农业现代化的步伐，提高农村居民的收入水平，使得农村居民可以享受到与城市居民同等的福利待遇，改善农村居民的生活环境。因此，要将农业农村农民问题视为党中央工作的重中之重，最终实现城乡融合，缩小城乡之间的差距。目前，我国政府控制和管理大部分的公共财政资源，如何改变传统的制度惯性，将城乡的资源进行合理配置，为城乡融合发展提供有力支撑是我国财政体制改革需要考虑的重要问题。要想解决这一问题，我们需要建立城乡统一的财政管理制度，引导政府改变城市偏向的财政支出行为，充分发挥财政资金在促进城乡融合发展中的杠杆作用。

科学合理的财政管理体制可以有效促进城乡融合发展，同时也是新时代财政制度有效运行的重要基础。目前，我国城乡财政管理体制仍然存在很多问题，比如责任不清与权责不明等，这些问题都将拉大城乡之间的差距，同时这种不平衡的财政管理体制不利于城乡关系的协调发展。首先，优化城乡财政支出结构，加强对"三农"的投入比例。在严格遵守我国的相关法律法规的基础上，县级以上的各个地区财政要结合实际情况适当增加对农村农业的支持力度，使得对农业投入的增长幅度要高于财政经常性收入的增长幅度。加强对农村的公共服务与基础设施建设的财政支持力度，全力改善农村居民的生活面貌。加大对农业的投入，促进农村信息化与农业现代化同步发展。虽然我国农村经济发展较落后，但是农村信息化可以有效加快农业实现现代化发展，为农村的经济创造良好的条件，缩小城乡之间的经济差距。其次，加大农村财政转移支付力度。由于受到长期的城市偏向政策的影响，政府的财政支出偏向城市。因此，要改变传统的财政转移支付重心，使政府的财政支出不再一味地偏向城市，要适当将中央财政向农村倾斜。进一步完善财政转移支付的增长机制，尤其是一些老革命根据地、少数民族地区以及其他贫困地区，加强财政对他们的扶持，改善这些落后地区居民的生活水平，有效促进社会的发展。最后，改革创新城乡财政管理体制，促进城乡融合发展。将城乡财政管理体制机制进行改革创新，应该科学合理地将各级部门的事权划分清晰，同时明确各级部门的权责，避免出现中央与地方的职责重叠交叉，降低工作效率。科学合理地增加中央政府部门的事权与责任，均衡分配任务从而减少委托事务的发生，构建一种财权与事权相结合的现代管理制度，并通过完善的法律法规确保管理制度的有效执行。正确运用财政转移支付的手段来调节财政资源的分配，避免政府在执行事权时出现缺位或越位的问题，实现权责的明确对应，从而缩小城乡之间的差距。完善县级以及乡级的财政管理体制，全面完善农村基层财政的制度，确保农村基层政府为百姓提供更好的服务。

四　构建城乡统一的劳动力市场

就业作为民生之本，应加强农村人才建设，完善就业制度，整体提高农村的经济发展水平。长期以来，受国家发展战略侧重偏向城市的影响，忽略了农村农业的发展，城乡劳动力市场呈现出二元分割的特征，城乡就业问题越来越严重。因此，必须打破这种就业格局，优化城乡就业关系，构建城乡统一劳动力市场，推动城乡更高质量的就业。

由于我国长期处于社会二元体制，农村经济发展相对滞后，农村的劳动力资源不能获得平等的就业机会，所以应建立统一的劳动力市场，保障农民可以平等地获得创业就业机会，增加农村居民的收入，缩小城乡之间的差距。在制定社会发展规划时，既要扩大农村居民的创业就业机会，又要加快农村剩余劳动力的转移，降低农村居民的失业率，实现农村居民高质量的就业目标。通过改革就业管理体制，科学合理地规划劳动力市场，消除对农村居民不合理的就业创业限制，全面推动农村就业的培训、融资信贷以及创业发展等各方面平等的机会，建立统一的劳动力市场。同时，加大户籍制度的改革力度，从制度层面上完全消除阻碍劳动力流动的因素，使农村剩余的劳动力可以顺利流入城市，全面实现劳动力资源的优化配置。长期以来，户籍制度的实施加深了城乡二元劳动力市场的分歧，尤其给进城务工的农民带来了极大困扰。农村居民在城市工作，其待遇、社会保障以及子女的教育问题等都无法与城市居民相比，在一定程度上加剧了劳动力供需结构不均衡的问题。因此，应建立统一的劳动力市场，破除阻碍劳动力流动的体制机制，保障农村居民的合法权益，为进城务工的农民解决后顾之忧，促进城乡之间的融合发展。

与此同时，构建城乡统一的就业创业政策，提高就业质量，减少农村的失业率，实现社会的稳定发展。构建统一的就业创业政策，一方面要构建城乡统一的就业创业政策体系，创造一种公平公正的就业创业环境，缩小城乡社会保障方面的差异，彻底破除由于户籍制度所造成的身份性质的区别。积极鼓励城市居民就业创业向农村延伸，提高农村整体经济水平，增强农村活力，最终实现城市与乡村之间公平的就业形势。在就业培训以及服务等方面，建立一种城乡标准一致的就业标准，公平公正地对待每一位劳动就业者，构建城乡统一的劳动力市场。另一方面是建立城乡统一的就业、失业统计制度，加大对农村失地农民的扶持力度，将城市中的失业保险以及创业补贴政策延伸到农村，实现城乡就业与创业政策的无缝对接。建立城乡统一的就业创业政策离不开政府的大力支持，从政府的角度出发，应该实施合理的扩大就业发展策略，增加劳动力的岗位选择，在保障就业的基础上实现劳动力供求结构的均衡发展。既要保证我国经济社会的健康发展，又要注重把人口供给优势转变为人力资源的优势，通过制定优惠政策，扩大新行业的发展，鼓励各界人才进行创业，同时注重提高新一代劳动者的能力与素质，避免发生非生产性的无效就业现象，逐渐形成城乡劳动力就业一体化。

第三节　统筹城乡公共服务普惠共享

公共服务是城乡居民生存与发展的最基本保障，享受等值的公共服务是城乡居民应有的权利。在城乡二元体制的影响下，城市的基本公共服务由政府负责提供，种类相对较全，服务的形式具有多样化。然而农村的基本公共服务则由农民自己来承担，或者由农村的集体经济组织来提供。因此，农村的基本公共服务相对比较简陋单一，城市偏向政策促使城乡的公共服务存在明显的不公现象。近年来，通过一系列的改革，农村基本的公共服务得到了改善，城乡之间公共服务的差距呈现出缩小的趋势，但是由于历史遗留的问题较多，很难在短时间内改变农村的生活环境，城乡基本公共服务差距仍然较大，并制约我国社会的进步。因此，应结合我国的基本国情与经济发展水平，大力推进基本公共服务体系，实现城乡公共服务的均等化。

一　大力推进城乡教育均衡发展

教育公平作为城乡协调发展的基础，由于受到城乡经济发展水平以及教育分级管理的影响，我国的教育不公主要表现在教育投资不足、优质教育资源短缺以及农村职业教育匮乏等多个方面[1]。从基础教育到高等教育两个不同的教育阶段，基础教育不公十分严重，而高等教育不公是基础教育不公的一种延伸。城乡教育的起点不公与机会不公严重制约着城乡社会的和谐发展，邓

---

[1]　吕炜、杨沫、王岩：《城乡收入差距、城乡教育不平等与政府教育投入》，《经济社会体制比较》2015 年第 3 期。

小平曾经指出，办理教学的方针是普及与提高，我们在任何时候都要做到在普及的基础上提高，在提高的指导下普及。[①]

全力推进城乡之间的教育均衡发展，首先，应均衡配置城乡教育资源。城乡教育资源的均衡配置是教育均衡发展的首要条件，我国农村教育基础薄弱，均衡配置城乡教育资源的工作重心应该放在农村，尤其是一些偏远地区，主要从教育投入与教育资源等各个方面着手。完善城乡教育资源的保障机制，加大对农村教育的投入，尤其是政府的投入。改善农村基础教学的办学条件，同时加强农村教师队伍建设。教师作为教育改革过程中的关键环节，合理配置城乡教师资源是协调城乡教育的重要部分。乡村教师的素质直接影响农村教育的质量，加强培训乡村教师的同时，通过开展各种政策促进乡村教师的补充，鼓励城市的优秀教师走进农村，对农村教育进行考察与指导，从而优化农村教师的师资结构，提高农村教师的整体水平。与此同时，加强乡村教师的福利待遇。目前，我国农村的教育水平还比较落后。因此，要为农村教育开辟一条新道路，积极引进先进的信息技术，通过教育的信息化共享优质教育资源，建立完善的农村教育信息平台，建立"互联网＋教育"的新模式。其次，全面提升高等教育质量。注重质量是高等教育发展的重中之重，由于受到城乡二元体制的因素影响，我国城乡学生受高等教育的机会存在不平等现象。相关研究表明，优质的高等教育资源更加倾向经济条件好以及社会地位较高家庭的学生。[②] 城乡学生接受高等教育的机会也存在明显的结构不平等现象，优质高等教育机会大部分被城市学

---

① 《邓小平文选》（第3卷），人民出版社，1993：280。
② 丁小浩：《规模扩大与高等教育入学机会均等化》，《北京大学教育评论》2006年第2期。

生占有。[1] 根据相关调查，2010 年我国重点高校城市学生入学机会是农村学生入学机会的 2.1 倍。[2] 全面提升高等教育质量，同时推进高等教育经费的均衡配置，尤其要帮助地方高校改善办学条件，加强师资建设工作，同时完善重点高校对普通高校的反作用机制，创新高校教育的协同发展机制。大力推进偏远地区、边疆地区以及革命老区高等教育的发展，科学利用现代信息化共享优质的资源。最后，促进职业教育的均等化。职业教育的均等化是社会公平的重要组成部分。在城乡关系发展的过程中，应更加注重农村的经济发展，而农村的发展离不开职业教育，如新型职业农民就离不开职业教育的培养。职业教育与普通教育在发展因素方面存在不平等现象，职业教育自身发展中带来的不平等严重制约职业教育的公平发展。[3] 加强职业教育的均等化一方面应积极推动职业教育与普通教育之间的互动，完善职业教育毕业生可以接受更高层次教育的相关制度，扩大职业教育的发展空间。另一方面是构建覆盖城乡公共教育的服务体系，通过对贫困家庭以及孤儿等弱势群体的扶持力度，确保困难家庭的孩子也能接受职业教育，提高自我发展的能力，让每一位孩子都能得到受教育的机会，促进教育均等化发展。

二 加快城乡医疗卫生联动发展

我国农村的基本公共服务滞后，应该充分发挥城市医疗卫生服务的优势，实现城乡医疗卫生联动发展，缩小城市与乡村之间

---

[1] 马宇航、杨东平：《城乡学生高等教育机会不平等的演变轨迹与路径分析》，《清华大学教育研究》2015 年第 2 期。

[2] 王伟宜、吴雪：《高等教育入学机会获得的城乡差异分析——基于 1982 ~ 2010 年我国 16 所高校的实证调查》，《复旦教育论坛》2014 年第 6 期。

[3] 李延平：《论职业教育公平》，《教育研究》2009 年第 11 期。

的差距，全面提高农村居民的健康水平，改善农村医疗卫生的整体面貌。

目前，我国城乡医疗资源配置严重不均。随着城市化进程不断加快，农村居民大量转移到城市。城市对医疗卫生的需求逐渐增多，使得大量的医疗人员聚集在城市。然而农村自身经济发展比较落后，并不具备吸收人才的基本条件，造成农村医疗人才十分匮乏。市场化改革以来，优秀的医疗人才为了追求价值的最大化，更是会选择待遇高，发展空间大的城市医院，不愿意留在农村基层工作，这也促使优质资源不断流向城市。因此，需要通过城乡在医疗人才与资源等方面进行优势互补，共同发展，全面提升农村医疗卫生的质量，缩小城乡医疗卫生的差距。首先，均衡城乡医疗人员的配置。根据不同地区的实际情况，适当提高基层机构的补助与工资标准，吸收更多的医疗人员到农村基层服务，也可以建议毕业大学生需要到农村医疗机构工作满两年，才可以进入大城市医院工作，这种刚性规定在某种程度上可以有效缓解农村医疗人才的短缺问题。同时，建立大城市医院和农村基层医疗机构联动发展机制。城市中的医院需要成立专门的农村医院对接组，利用互联网为城乡的医院提供交流的信息平台，并且定期规定城市医院专家到农村医院提供医疗服务和指导学习。与此同时，农村医院的医疗人员也要按照规定到城市中的大医院进行培训学习。这种城乡医疗联动发展机制可以有效促进城乡医疗资源的流动，既解决了农村医疗资源的短缺问题，又提高了整体医疗服务能力。同时将部分患者进行分流，缓解城市医院的就医压力。其次，均衡城乡医疗卫生的资金投入。要适当调整城乡医疗卫生财政投入的结构，不同地区情况不同，应该把握好不同地区财政投入方向，合理提高新农合的补助标准与报销比例，对经济发展落后地区可以提供更多的优惠政策。最后，完善城乡医疗保障机制。城市化水平与医疗卫生水平紧密相连。因此，城乡医疗卫生的改革与创新应该与城市化同步设计，不仅要建立符合城市化发展的医疗卫生改革，还要考虑农村居民进城务工所需的医疗卫生服务。虽然我国已经进行了户籍制度改革，但是仅仅是完成了城乡户籍形式上的平等，尚未彻底解决在户籍性质方面城乡之间的福利问题。城乡居民的医疗卫生服务方面并没有享到同等的待遇。因此，我国需要制定一种新型的城乡医疗保障制度，构建多元化的医疗保障体系，可以根据城乡居民不同的收入情况，设立不同层次的参保缴费标准，最终使城乡居民可以享受到平等的待遇保障，这才是彻底的、公平的制度整合。

三　建立互惠共享的社会保障制度

社会保障是改善民生、促进城乡社会稳定和经济发展的重要方式。近几年来，随着我国社会保障体制改革的不断深化，城乡居民的社会保障水平有了显著的提高，基本社会保障已经实现，这也表明我国的社会保障进入了一个新的转折点。随着人们生活水平的不断提高，社会保障的需求也不断增加。我国受到城乡二元社会保障制度的影响，农村社会保障水平处于偏低的状态，同时缺少科学合理的流转机制。农村的社会保障标准远远低于城市，城乡居民的社会保障水平差距大。建立健全的社会保障机制是发达国家缩小城乡差距、协调城乡关系的常见方法，也是我国全面推进中国特色社会主义发展的客观要求。

首先，建立城乡统一的基本养老保险制度，真正实现老有所养。我国的人口基数大，老龄化严重。根据国家统计局数据，2018 年我国 60 周岁以上人口占比达到 17.9%，其中 65 周岁以上的人口约为 16658 万人，占总人口比重为 11.9%。未来我国人口老龄化将飞速发展，老年人抚养比也将持续上升，人口的老龄化趋势将更加严峻。[①] 据相关数据估计，2025 年，我国将进入深度老龄化社会，老年人口抚养比约达到 1.99∶1。到 2035 年，我国会进入超级老龄化社会，老年人口抚养比接近 3.07∶1。[②] 全面推进城乡养老保险制度，既要从制度、资源、政策和管理体制等层面进行有机结合，又要加强城乡居民养老保险体系建设。同时，建立多层次的养老保险体系，我国养老金主要依靠中央财政的补贴。养老保险制度还不够完善，规模相对较小，同时城乡居民的养老保险基金与企业年金的结构不协调，使得养老保险制度的可持续性不强。随着人口老龄化程度的加深，我国应结合国情，建立具有中国特色的多层次社会养老保险体系，为个人养老形成多重保障。充分发挥市场机制的作用，通过调动各方力量，推动政府、企业以及个人共同承担养老责任，提高居民的养老保险待遇。

其次，建立城乡统一的医疗保险制度，提高城乡居民的健康水平，推动社会和谐发展。目前，城乡二元的医疗保险制度在某种程度上改善了居民的生活质量，但是也造成了城乡居民社会保障不公问题的出现，同时城市与乡村的医疗卫生资源分配不均衡等加大了城乡居民医疗保障的差距。因此，应该构建统一的城乡居民医疗保险制度体系，重点提高农村居民重大疾病医疗保障水平，完善城乡居民关于大病保险的补偿政策，适当降低大病保险的起付金，科学合理地提高医保的保险比例，避免造成因病致贫的问题。与此同时，全面提高城乡居民的医疗保险统筹层次。由

---

① 张梦云、曹玉瑾：《推进我国养老保险制度改革》，《宏观经济管理》2016 年第 4 期。
② 李尚勇：《人口困局：中国能否承受人口之重》，中国经济出版社，2014：278。

于我国城乡经济发展不平衡，受到地方经济水平的影响，不同地区城乡居民医疗保险统筹政策差异较大，导致居民异地就医报销困难重重，尤其是进域务工的农民，在异地就医很难获得有效的保障。[①] 根据我国经济社会的发展水平，同时全面考察现阶段医疗保险的发展情况，适当提高城乡居民保险的层次，对我国的医疗体制进行改革，完善相关管理政策，全面推进城乡居民医疗保险统筹发展，加强医疗保障的公平性和可持续性。

最后，建立城乡统一的社会救助制度。改革开放以来，我国逐渐建立了以城乡居民最低生活保障的社会救助制度体系，但是受到城乡二元结构的影响，城乡救助制度差异显著。与城市相比，农村的救助标准较低。要想建立城乡统一的社会救助制度，必须依照公平公正的原则，使城市居民与乡村居民享受到同等的社会救助制度，并着重体现其公平公正性。一方面构建城乡统一的社会救助政策与标准，另一方面是提高农村的社会救助水平。虽然我们已经取得了脱贫攻坚战的阶段性胜利，但是农村居民的医疗、教育等各个方面的救助力度还存在不足，改善农村相对贫困人口的生活水平，缩小城乡之间社会救助的差距，充分体现社会救助的公平性与均等化原则，切实改变农村居民的生活状态，缩小城乡居民之间的差距。

四　加快城乡就业服务的均等化

推进城乡就业公共服务均等化，完善就业服务体系，尤其要加强农村基层的就业服务机构建设。目前，我国农村地区就业服务体系十分落后，农村剩余的劳动力进城来寻求就业机会，大多

---

① 单苗苗：《农民工市民化要解决好就业和社保两大难题》，《中国人力资源社会保障》2016 年第 5 期。

数贫困的地区严重缺少规范的就业服务组织和经费保障。虽然我国提出要加强培养新型职业农民，但是我国针对农村居民提供的相关职业培训项目十分有限，而且培训机构的服务项目与范围有一定的局限性，没有得到居民的认可。同时，农村居民对于职业农民的认识不够，并没有十分注重自身综合素质的培养。虽然近几年互联网已经向农村延伸，但是农村的公共服务信息网络功能还不健全，农村居民很难得到及时有效的信息服务，这也影响农村剩余劳动力的转移。因此，应该加强对农民职业培训机构的管理，丰富针对农村居民的就业服务项目，有助于培养农村的专业人才。同时，加强完善农村公共服务信息网络，向农村居民提供高效、优质的服务，加快农村居民的就业转移。尤其是对农民工的职业技能培训，进一步完善农民工培训补贴办法，鼓励农民参加教育培训，整体提高农民的科学文化素质和思想道德素质，从而满足知识经济新时代对劳动者的要求。全面加强城乡公共就业服务机构的建设工作，鼓励农民参与农村就业服务组织，制定完备的制度体系。将城市的就业服务机构向农村延伸，向农民提供相应的政策咨询以及就业推荐，同时也将城市的人才引入到农村进行发展。

要想实现城乡居民就业服务的均等化，这一切离不开政府的支持和市场的调节作用。通过政府保障城乡就业劳动者获得平等的权益，维护城乡劳动者基本的利益，建立相对和谐的劳动关系，通过市场保证城乡就业供需结构的均衡。随着经济社会的不断发展，劳动关系越来越复杂，在现实生活中经常遇到损害劳动者合法权益的问题，尤其是进城务工的农村居民。目前，城市与乡村居民在就业中存在"同工不同酬"的问题，严重侵犯了劳动者的合法权利。因此，要想促进城乡劳动者平等的合法权益，必须建立相对完善的劳动法律体系，这就需要政府的全力支持，制定完善的劳动关系法律法规，推进平等的合同制度，建立健全的企业组织，协调劳资关系，解决劳动争议，有效地推动社会的和谐发展，促进城乡融合。

第四节　加快城乡基础设施互联互通

基础设施作为城市与乡村之间协调发展的纽带，有助于推动城乡经济的增长，促进社会的和谐发展。受传统管理体制的影响，城乡基础设施建设工作没有进行统一管理，呈现出城乡差异，其中城市的基础设施建设工作主要由政府负责规划建设，农村的基础设施建设一般由农村居民自己承担，或者由农村集体经济组织统一建设。因此，两种不同的建设模式导致城乡之间的基础设施差距不断扩大。目前，我国还存在部分农村人口没有条件获得自来水，部分自然村没有通沥青路，农村用电难、出行难等一系列问题还没有得到彻底解决。因此，要想实现城乡基础设施的均等化，必须加大对农村基础设施的建设力度，建立城乡统一的基础设施管理标准，逐步缩小城乡之间的差距。

一　完善城乡基础设施建设规划

在规划城乡基础设施建设的过程中，应摆脱传统的城乡二元分割观念，坚持公平的原则，促进城乡的协调发展，将城市与农村视为有机的整体。在全面分析城乡之间基础设施建设的现状及需求的基础上，科学合理地安排城乡之间基础设施布局。从其他发达国家的经验来看，首先，实现城乡基础设施的统一规划，加快推动城乡基础设施的互通是西方发达国家实现城乡融合的最直接体现。近几年来，虽然我国政府已经加大了对农村基础设施的建设工作，但是仍然无法与城市相比较，比如城市的污水处理率已经接近90%，然而农村还处于相对较低的水平，城市的道路交通十分发达，而农村还没有全面实现柏油路面。因此，我们必须建立城乡基础设施一体化的机制，这也是实现城乡融合发展的基本前提，统筹规划城乡之间的道路、供电、供水以及网络信息等基础设施的建设。道路作为城市与农村交流的载体，农村的道路畅通，与外界联系的就会变得更为频繁，就能加强城乡之间的交流互通，促进农村经济产业的发展，改善农村与城市道路的连接。

随着城市化与工业化的快速发展，我国环境污染治理与防控的工作重心主要集中在城市和工业，通过利用先进的技术将城市的生活污染以及工业污染进行有效的控制，城市的生态环境慢慢得到了改善。相反，农村的环境污染问题被忽视，没有采取相应的措施进行控制与治理，导致农村的生态环境遭到了严重的破坏。与此同时，城市的工业污染与生活垃圾不断地向农村排放，加剧了农村生态环境的恶化，尤其是城市的边缘地带已经成为各种垃圾的聚集地，严重地污染了我们的生活环境，也给农村的污染治理造成了压力。

随着城市化水平的不断提高，城市的快速发展带动了农村经济的进步，农业逐步实现现代化。因此，基础设施的建设规划要充分考虑农村农业现代化与信息化的发展。同时，大量农村劳动力转移到城市，改变了农村原有的生活状态。结合新时代城乡居民对基础设施的新需求，我们应科学合理地利用资金、人才、技术来规划城乡基础设施建设的整体布局。城乡基础设施建设规划要根据城乡融合发展的趋势，构建一种相对比较完备的城乡基础设施建设联通机制。同时加强城市的道路、供电、供水以及网络等基础设施向农村延伸，使其形成一种城乡结合的公共交通、供水供电以及通信网络，提高农村的基础设施水平，改善农村居民的生活面貌，全面提高城乡居民的生活质量，促进城乡的基础设施融合，避免各种资源的浪费。

二 全面加强城乡基础设施建设

城乡基础设施建设要依据城乡经济社会发展的趋势，建立城市与乡村基础设施建设的对接机制，推动城市的基础设施向农村延伸，促进城乡基础设施的融通。在协同推进城乡基础设施建设的过程中，一方面我们要考虑到城市基础设施的建设工作，不断地完善城市基础设施的功能。同时要遵循城市的建设发展规律，尊重城市居民对生活的各种追求，始终坚持绿色、低碳及智能的基础设施建设理念，科学合理地推动城市的公共交通、供水供电、能源以及污水质量等各方面的建设工作，加强旧基础设施的改造。根据城市居民需求的变换更新基础设施的供给状况，积极完善城市基础设施的功能，提高城市的综合承载能力，保障城市的居民能够拥有比较完善的公共基础设施，改善城市的整体生态环境，推动城市的绿色健康发展，提高城市的现代化水平，充分发挥市场机制作用，同时积极探索新项目的融资方式。城市的基础设施建设资金投入应以地方财政为主，中央财政为辅的供给方式，根据不同地区的特点，不同地区居民的需求，制定不同的基础设施建设体制，同时也促进特色小镇的形成。另一方面要加快农村的基础设施建设。由于我国农村长期处于服务的地位，农村经济社会发展相对比较落后，农村的基础设施建设较为薄弱，在强化城市基础设施建设功能的同时，我们不能忽视农村基础设施的建设工作，要加强政府的投资责任，加大对农村道路、水和电等各种基础设施建设的力度，改善农村居民的生活环境，促进农村经济的快速发展。目前，我国农村基础设施建设比较薄弱，投资需求相对较大。农村基础设施建设要以政府为主导，推动社会各界共同参与，同时注重市场的作用，一切以农民的利益作为出发点和落脚点，在农村建立多元化的基础设施投入机制。我国政府应高度重视农村基础设施的建设工作，将其纳入国家财政的范畴，同时科学合理地规划政府权力与责任，加强各个部门的执法力度，全面改善城乡整体的基础设施建设。相关研究表明，城乡在交通，通信及环保这三种基础设施方面存在的差距越大，城乡的生活水平和基础设施建设的差距就会越大，农民获得收入的机会就会减少。① 因此，要注重农村的道路、通信以及环保三方面的基础设施建设，根据现代农业发展的新要求，推动农村的公路建设与通信建设，实现城市与农村、农村与农村之间公路的畅通，扩大农村的网络覆盖面积，让农村的特色产业通过互联网进行营销与宣传。同时加强农村的垃圾处理能力，减少城市对农村生态环境的破坏，并提高农村自身的治理能力。通过引进先进技术改变农村整体的生活面貌，改善农村的生态环境，促进农村经济的快速发展，早日实现城乡融合。

三 建立规范的城乡基础设施管理制度

建立规范的城乡基础设施管理制度，管理粗放一直是城乡基础设施建设过程中存在的问题。由于经费不足、产权不明等各种原因，使得基础设施长期处于无人管理的状态，最终造成设施利

---

① 骆永民：《中国城乡基础设施建设差距的经济效应分析——基于空间面板计量模型》，《中国农村经济》2010 年第 3 期。

用率低。因此，应进一步理顺城乡基础设施的管理体制，提升城乡基础设施的管理水平，提高基础设施的利用率。建立健全城乡基础设施一体化的管理制度，明确农村基础设施公共产品属性的基本定位，构建一种权事清晰、权责一致的管理机制。依照公益性与经营性对城乡基础设施的建设工作进行区分，其中公益性的基础设施建设应由政府承担，经营性的基础设施建设由市场来进行调配，建立一种分级分类的投入体制机制，科学合理地理顺各级政府的职能分工。

加强公共基础设施的管理，一是建立统一的项目信息管理平台。公共基础设施既具有资产的属性，又具有公共的属性。在目前这种大数据的新时代，科学合理地构建城乡统一的公共基础设施信息管理平台，利用大数据进行信息收集、管理与分析，为城乡基础设施管理提供科学的依据。同时，构建公共基础设施项目管理平台，可以实现数据资源的共享，满足经济社会发展需求。二是全面实施基础设施项目跟踪审计。由于我国基础设施管理效率低，因此，国家应对基础设施项目工程的审批手续进行优化，缩短项目的审批时间，提高工作效率。与此同时，社会各界应该提高对基础设施项目建设的关注度。根据不同的基础设施项目设计不同的管理方案。对不同阶段项目完成之后进行严格审计，这样可以及时发现基础设施建设过程中存在的问题，第一时间得到调整，避免造成项目的荒废。三是明确基础设施产权的归属。目前，我国公共基础设施存在产权不明晰的问题。我国的基础设施产权归属主要为私人所有、个人与政府共同所有以及政府所有三种情况，其中个人私有的基础设施不可以纳入行政单位的会计核算范围，政府所有的基础设施必须纳入行政单位的会计核算范围，个人与政府共同拥有的基础设施，其资产的具体归属应根据国家的相关法律规定进行明确的区分，从而保障政府资源的权益性。

总之，城乡的社会协调是社会稳定的重要保障，要确保农村居民可以享受到与城市居民同等的福利待遇，最大限度地缩小城乡之间的社会差距，实现城乡的社会公平与公正。城乡的社会协调应坚持以人为本、公平公正的原则，解决城乡居民最关心的问题；破除城乡二元分割的理念，将城市与乡村有机地结合起来，促进城乡基础设施建设的一体化，提高人民的满意度，实现城乡社会的和谐发展。

第五节 构建城乡产业协同发展机制

改革开放以来，我国为了更好地促进农村经济的发展，充分激发农业产业的活力，不断地调整产业发展政策，取消农村农产品的统购统销制度，实行家庭联产承包责任制。构建城乡产业协同的发展机制，可以有效提高农产品的收购价格，推动城乡经济的协调发展。

一 加快推进城乡产业联动

从城乡经济协调的角度出发，农村与农业对经济发展的作用主要体现在提供产品、创造市场以及积累要素三个方面。我国是一个农业基础薄弱，农村人口基数大的发展中国家，在推进城乡融合的发展过程中，应通过城市工业的发展促进农村产业的融合，加强城乡之间的产业联动，加快农村农业实现现代化。

首先，应调整农业的产业结构，促进农业转型升级。农业作为国民经济的基础，农业现代化发展可以有效提高粮食的生产效率，确保粮食生产的稳定增长，机械化生产不仅提高了生产效率，而且提高了农业劳动者的收入，将粮食生产与农民收入有机结合起来，逐步缩小城乡之间的差距。调整农业结构，提高农业效益，以绿色创新发展为导向，调减种植的比例，适当增加渔业及林业的比重，发展经济作物等。提倡种植业与养殖业相结合的经营方式，有效提高资源的利用率，形成一种生态循环性农业。通过引进城市的先进技术加快农产品加工业的转型升级，有效提高农村产业的综合竞争力，促进农村经济的发展。目前，我国的农业加工技术水平低，农产品生产过程中的科技含量较少，导致国际竞争力不强。因此，农产品加工业的转型升级十分必要。农产品的转型应以市场的需求为导向，通过引进先进的技术来增加农产品的附加值，从而满足消费者多样化的需求，有效提高农产品的国际竞争力，并将农产品加工业作为农业现代化的重要组成部分。在农业生产方面，大幅度降低化学品的投入，减少对农村环境的污染，提倡发展生态农业，推进农业的绿色化，推广立体的种植方式，提高土地的产出效率。

其次，发展农业的合理规模经营，从而有效提高农业的生产效率。发达国家城乡关系发展的经验表明，合理规模经营有助于推动农业实现现代化，促进城乡之间的协调发展。农业的规模化经营不能盲目追求规模扩大，更加注重科学合理性，重点强调生产要素的合理化配置。在市场经济条件下，农业的合理规模经营既要坚持农村基本的经营制度，又要充分尊重农民的意愿，保障农民的合法权益。大力推进农村土地流转，发展多种形式的农业经营模式。目前，我国的土地流转行为还不规范，市场与监督机制还不健全，尤其是流转后的土地严重缺乏监管机制，导致很多为了追求利益而非法改变土地用途的农业从业者，严重影响到我国的粮食安全。因此，土地流转主要是指土地经营权的流转，应完善土地经营权的相关法律法规，加强对农村土地流转的监督机制，营造一种良好的农业合理化规模经营的制度环境。多种形式的农业经营模式有助于提高农业生产效率，各个地区因地制宜，积极发展具有地方特点的经营形式。例如江苏省积极探索农地托管与代种等新形式，其中南通市从事全托管服务的主体达到1145个，服务耕地面积达到50.92万亩，为14.26万农民提供托管业务。① 同时，我国应培养新型农业主体，大力发展联合经营，新型农业主体发展应明确功能，提高农业生产经营者的管理水平，发展多层次的联合经营。

最后，推进城乡产业的衔接，促进城乡融合。产业作为经济发展的重要载体，城乡产业衔接是将城市与乡村有机结合起来的重要方式。应统筹产业布局，优化产业结构与资源配置，促使城乡各个要素遵循市场秩序自由平等交换。城乡产业的衔接主要强调的是城乡产业间的延伸融合、城乡产业内部的融合以及高技术与农业的融合。

二 发展新兴产业，延伸农业产业链

农业产业链涉及农业生产的产前、产中以及产后的管理等，是按照一定的逻辑关系和布局而形成的具有增值价值功能的链条式关系。② 农村的产业发展主要涉及农业、工业以及服务业三大产业，我们只有创新产业才能延伸产业链，促进农村经济的发展。

---

① 李文博：《"全托管"，规模经营的另一种选择》，https://www.sohu.com/a/81644684_116897，最后访问日期：2022年6月1日。
② 戴孝悌：《产业链视域中的中国农业产业发展研究》，中国社会科学出版社，2015：10。

一方面是推动农业的产业化发展。影响农业产业发展的两个因素是农产品的供给数量与农产品的供给质量。从供需链的发展角度出发，农产品的供需平衡可以促进农业的可持续发展，只有建立开放有序的市场竞争机制，才能促进农业的产业发展，应充分发挥市场机制对农产品生产要素的配置作用，提高农业的现代化水平。同时建立健全的农业市场机制，将有效的信息资源进行共享，促使农民可以第一时间进行调整以适应市场的变化。从企业链的角度出发，我国农业产业组织化程度低，政府应加强引导，不断完善公共服务部门，为农业生产者建立连接市场的桥梁。从空间角度出发，我国应该针对不同地区的经济特点与资源优势，合理布局农村产业，提高农业的生产效率，改变传统的农业发展模式，将高科技、优质服务与农业相结合，提高农村的整体经济水平。从价值角度出发，应将农业、工业与服务业有机结合共同发展，在有限的土地资源里，保障农业有序健康发展，加大对农业投资的同时发展服务业，改善交通运输业与仓储业的发展，降低农业生产成本，提高其竞争优势。与此同时，加强金融业对农业的扶持力度，加快农业的转型发展。另一方面是促进农业发展模式的多样性。随着科学技术的进步，农业的发展模式也逐渐变得多元化，乡村旅游业、循环农业与互联网＋农业模式逐步开展起来。其中循环农业坚持可持续的发展理念，在保护土地与环境的基础上优化产业结构，提高农业产量。立体式农业发展将不同产业与资源紧密地结合在一起，尽可能高效地将资源重复利用。如将闲置的农副产品与农业生产过程中产生的废弃物进行回收再利用，有效降低成本的同时减少污染。近几年，乡村旅游业逐渐地开展起来，各乡村根据自己的特色，将农业与旅游、文化、疗养等进行充分的结合，创造出具有特色的乡村旅游项目。

我国应该全力支持乡村旅游业的发展，通过乡村旅游来加速农村经济的发展。同时，互联网在我国迅速普及，互联网与农业相结合可以有效促进农村经济的发展，通过构建现代化的流通体系来加强农产品的供需交流与商贸之间的合作。实施快递下乡工程，提高农产品的竞争力，并通过发展新兴产业延伸农村产业链。

三 优化产品产业结构，解决供需矛盾

在新时代背景下，推进供给侧结构性改革将逐渐改变我国经济的发展方式。农业发展的主要矛盾集中在供给侧上，农产品的呈现出阶段性的供求不足与供过于求并存的特点，农业的改革主要是根据市场的需求不断地调整农业的产业结构，促进农产品的需求平衡，将农产品更好地适应市场的需求。优化产品产业结构，解决供需矛盾需要从两个方面去努力。

一方面是根据市场的需求来调整农业生产经营活动。自改革开放以来，我国实行的是中国特色社会主义市场经济体制。在市场经济体制的条件下，充分发挥价格与供需在资源配置中所起的作用。在农业的生产领域具有相同的效应，农产品价格的形成机制与农产品收储制度将直接影响农业的发展。近几年，我国政府出台了许多政策、给予农民相应的补贴，如粮豆轮作补贴、农机购置补贴以及秸秆综合利用补贴等，这也对农业实现现代化起到了积极的作用。国家在制定补贴政策时，应依照区域、品种、时间以及主体价格进行调整，政策的执行要遵循市场流通的秩序。对于农产品结构的调整，我们应该始终坚持质量兴农的战略，改变传统的经济发展理念，实现循环农业、绿色农业、可持续发展农业。对农业进行改革的主要目的在于满足消费者对农产品的需求。随着人们生活水平的不断提高，人们对农产品的需求也不断

地提高。因此，在农业生产过程中，必须注重农产品的供给质量，不仅优化产业的区域布局，还要适当调整农业的科研方向，逐渐研发和推广更多高质量的种养技术，将种植业与养殖业有机结合，促进农村产业的发展。同时，加强对土地等有限资源的保护，改变传统农业资源利用方式，用现代化技术改善土地质量，从而提高农产品效率，延长农业产业链。既要优化农产品产业结构，又要注重农业的品牌建设，将优质的农产品进行商标注册，提高我国农产品的影响力，建立健全的农产品质量监管体制，创建自己的农业品牌，提升农业经营主体的责任意识。农产品在优化的过程中，应始终根据消费者的需求不断调整。创新农业产业以满足消费者需求，我国农业才能得到更长远的发展，农村的经济才能快速提升。另一方面是加强政府对农业的支持保护力度。我国农业的良好发展离不开政府的宏观调控，农业供给侧结构性改革的目的之一就是尽量降低农民的成本。在调整的过程中，政府起到了至关重要的作用。政府在改善农业生产条件的基础上，应提升农业的国际竞争力，切实维护农的民自身利益。一是在财政支出方面，政府应该适当加大对农村公共服务和基础设施方面的投入。在农村产业发展的过程中，由于农村整体经济条件比较差，简陋的生活环境很难引进专业的人才，如崎岖不平的道路，供水供电困难的村落等。因此，只有解决好农民最基本的生活条件，才能有助于农村更好的发展。同时，不断创新财政资金的使用方式，推动社会资金与金融资金流入农村，允许社会资金以参股的方式加入农业生产，扩宽农产品的交易规模，从而降低农业生产者的成本。在适应市场需求的情况下，丰富农业补贴的种类，将补贴政策落实到位，最大限度地发挥补贴功效，激活农业发展的生产要素，提高农产品的竞争力。加快对农村金融服务体系的改革，创新农村金融服务的体制机制，加强与金融和保险公司的合作，为农村农业的发展提供支持和保障，丰富农村金融服务的内容，使农村的面貌焕然一新。

总之，要想解决农产品产业结构的供需矛盾，就要从我国的国情出发，合理利用我国自身的资源优势，激活农业资源要素，整体提升农业市场的竞争力。充分借鉴西方发达国家的先进技术与发展模式，调整我国农村产业结构，提升资源利用率，解决结构性供过于求的矛盾。

四　完善城乡居民的收入分配制度

随着农村经济的不断提高，农村居民的收入水平也呈现上升趋势，城市与乡村居民之间的收入差距逐渐缩小，但是尚未实现共同富裕的奋斗目标，城乡收入的绝对差距仍然较大。城乡收入分配不公是城乡收入差距的核心问题，在城乡关系发展的过程中，优化城乡收入分配结构，缩小城乡之间的差距，促进城乡居民收入增加是城乡社会协调发展的必然要求。

近几年，我国经济的发展进入新常态，经济的增长速度逐渐放缓，经济转型升级的压力逐渐扩大。一方面是由于受到国际形势的影响，我国经济增长速度放缓，影响经济增长的不确定因素有所增加，城乡居民收入分配的矛盾也凸显出来。不确定因素的增加导致我国经济转型的风险加大，而传统的增收方式不能满足时代的需求，新的增收渠道变窄，促进城乡居民收入增长的创新意识不足。另一方面是经济的转型升级改变了产业结构与劳动力市场结构，现代服务业与新兴产业成为新的经济增长点，劳动报酬逐年增加，居民的收入渠道更加多元化。面对经济社会发展的新形势，要想实现城乡之间的协调发展，必须解决农业农村农民问题。从农民的利益出发，增加农村居民的收入，通过优化农村产业结构，调整城乡收入分配格局，建立城乡居民收入增长的长效机制，保证劳动生产率与劳动报酬增长率协调一致。积极推进结构性减税，减少小型企业与个人的税费负担，刺激经济增长，增加居民的收入。城乡居民收入差距大是我国收入分配的突出问题，在城乡二元结构体制的影响下，城乡居民收入差距的问题更多关注的是收入分配的制度缺陷以及体制的偏差，同时也逐渐重视城乡居民机会与权力不公背后的体制与机制问题。在经济社会转型的过程中，适当增加城乡居民收入在国民收入分配中的比重，拉动城乡居民的非增长。若城乡居民收入在国民收入分配中的比重高，那么居民的生活质量将会达到较高的水平，反之居民的生活质量会降低，进而也将影响居民的消费水平。目前，我国的劳动力市场还处于发展阶段，要想正确解决劳动分配过程中的不均衡问题，还需要政府的支持以及市场的调节作用，加快构建城乡统一的劳动力市场，并通过更加完备的法律法规来保障劳动力市场的有序进行。自改革开放以来，我国市场经济开始了突飞猛进的发展，城乡居民的收入结构也发生了变化，城乡居民的工资性收益、经营性收益以及财产性收益都有所增长。城乡居民的收入存在很大的结构性差距。城镇居民财产性收入的增长速度以及数量要远远高于农村居民。[1] 在我国社会主义市场经济的发展过程中，居民的主要收入来源是劳动报酬。由于农村经济发展远远落后于城市经济的发展，农村居民的收入主要依靠土地和进城务工。因此，农民的收入稳定性相对较差，生活的安全保障性较低。政府作为城乡社会公平发展的责任主体，对于农民收入偏低

---

[1] 冷崇总：《关于居民财产性收入差距的思考》，《价格月刊》2013 年第 3 期。

的问题应采取相应措施提高农村居民的收入水平及社会保障水平，同时加强农村基础设施建设，完善农村基本公共服务，缩小城乡差距。收入分配秩序的不规范也将影响资配置的效率，并在收入再分配的过程中造成逆向作用，导致社会财富依靠非正当方式聚集到高收入人群，最终导致贫富差距增大。与此同时，社会还存在一些垄断行业，这些垄断行业存在隐性收入的现象，通过各种方式增加员工的收入，这样严重影响了社会收入的分配秩序。因此，应加大对垄断行业的工资监管，同时制定规范的行业工资及福利标准，科学合理地规划各个行业的收入标准，尽量缩小不同行业之间的收入差距，促进收入再分配的公平性，维护社会的和谐与稳定。

结　论

　　中国特色城乡关系是一个较复杂的综合性问题，内容涉及生活中的方方面面，形式也具有多样性。城乡关系的协调发展，主要是要树立科学的城乡融合发展理念，加快城乡之间的要素流动，均衡城乡公共服务、基础设施以及调整城乡产业结构，同时增加城乡居民的收入。中国特色社会主义城乡关系是建立在城市与乡村、工业与农业之间利益一致前提下的新型城乡关系。要想构建一种健康和谐的城乡关系，就必须依照我国的实际国情，不能完全照抄照搬西方发达国家的城乡关系演变路径。从二元结构到城乡融合，我国城乡关系的发展在不同阶段呈现出不同的特点，快速的城市化进程带动了我国经济的飞速发展，也造成了城乡居民收入差距的扩大、城乡发展机会的不公、公共资源配置的不均衡以及严重的农业农村农民问题。如何正确处理我国的城乡关系，破除城乡二元结构，实现城乡融合是一个重大的课题。

　　本研究以马克思主义城乡关系理论为指导，系统地梳理了马克思、恩格斯、列宁等马克思主义经典作家，以及西方学者对城乡关系的研究结果，概括了中国共产党人对城乡关系的理论探索和经验，对城乡关系的内在机理进行深入分析，以历史演变为主线，梳理了从二元结构到城乡融合的演变过程。本研究认为我国的社会经济发展已经进入了以城带乡，城市反哺农村的新阶段，要想实现城乡融合，必须彻底根除城乡二元结构特征，将城市与乡村有机结合起来，缩小城乡之间的差距。从世界的角度出发，以美国、德国和日本为代表的发达国家的经验表明，城乡关系的协调涉及经济、政治、文化、社会以及生态等多个方面，并需要一个较长的历史过程，应根据各个国家的历史与经济社会特点完善相关法律法规，加强监管。在城乡关系发展的过程中，随着城乡制度和政策限制的不断变化，农村经济的发展逐渐适应市场的整体需求，城乡的基本要素开始互动，从而丰富了城乡关系的内容，其中均衡城乡公共服务、基础设施以及调整城乡产业结构对城乡的协调起到了至关重要的作用。具体的研究结论有五个方面。

一是树立科学的城乡融合发展理念是城乡关系协调的核心。在城乡关系的发展过程中，必须破除以城市为中心的发展思想，正确的城乡融合发展理念可以促进城乡的共同发展；二是城乡要素的合理配置是城乡关系协调的支撑。在传统的城乡关系中，农村的要素单方面地流向城市，城市中的要素很少向农村流动。因此，要推动城乡之间要素的自由双向流动，使人才、土地、资本可以在城乡之间进行良性的互动，促进城乡融合；三是城乡公共服务普惠共享是城乡关系协调的前提。要想实现城乡之间的协调发展，必须保障农村的居民可以享受到与城市居民同等的教育、医疗卫生以及社会保障；四是城乡基础设施互联互通是城乡关系协调发展的保障。道路、供水、供电以及信息网络等作为基础设施为城乡之间的互联提供了最基本的保障，只有完善城乡之间的基础设施，才能更好地促进城乡之间要素的自由流动，才能实现城市带动乡村，工业带动农业，最终实现城乡之间的融合发展；五是产业协同发展是城乡关系协调的目标。在城乡关系发展过程中，应利用城市带动农村发展，农村的生产与发展要适应市场的需求，加快农村产业优化升级，发展农村新型产业，延伸产业链，促进产业融合，实现产业兴旺，缩小城乡之间的差距，最终实现城乡公平和谐的发展。

城乡关系是人类社会较为复杂的问题，本研究仅从生产要素、公共服务、基础设施以及产业等层面进行了片面的分析和研究，提出了相应的协调路径，从城乡关系演变的规律来看，城乡关系的协调还涵盖了政治、生态、空间及心理等多个方面。因此，在以后的研究过程中应加强深度和广度，解决城乡发展过程中内部结构性失衡的问题，不断地丰富了中国特色的城乡关系理论体系。

图书在版编目（CIP）数据

中国特色城乡关系：从二元结构到城乡融合／丁宁
著 . -- 北京 ：社会科学文献出版社，2022.11（2023.9 重印）
（社会工作参与社会治理研究智库丛书）
ISBN 978 - 7 - 5228 - 0753 - 9

Ⅰ . ①中⋯　Ⅱ . ①丁⋯　Ⅲ. ①城乡关系 - 研究 - 中国
Ⅳ. ①F299.21

中国版本图书馆 CIP 数据核字（2022）第 171697 号

社会工作参与社会治理研究智库丛书
中国特色城乡关系：从二元结构到城乡融合

著　　者／丁　宁

出 版 人／冀祥德
责任编辑／李明锋　胡庆英
责任印制／王京美

出　　版／社会科学文献出版社
　　　　　地址：北京市北三环中路甲 29 号院华龙大厦　邮编：100029
　　　　　网址：www. ssap. com. cn
发　　行／社会科学文献出版社（010）59367028
印　　装／唐山玺诚印务有限公司

规　　格／开　本：787mm × 1092mm　1/16
　　　　　印　张：11.75　字　数：142 千字
版　　次／2022 年 11 月第 1 版　2023 年 9 月第 2 次印刷
书　　号／ISBN 978 - 7 - 5228 - 0753 - 9
定　　价／89.00 元

读者服务电话：4008918866

▲ 版权所有 翻印必究